Hartmut von Hentig

Die Menschen stärken, die Sachen klären

Ein Plädoyer für die Wiederherstellung der Aufklärung

Philipp Reclam jun. Stuttgart

Für Johanna Harder,
die die gemeinsam erdachte Schule
zu ihrem Teil verwirklicht hat,
in Dankbarkeit.

Universal-Bibliothek Nr. 8072 [2]

Gesamtherstellung: Reclam, Ditzingen. Printed in Germany 1985
ISBN 3-15-008072-X

Vorwort

In diesem Bändchen sind drei Vorträge zusammengefaßt. Der erste ist im Rahmen einer Vortragsreihe zum Thema »Das Elend der Aufklärung« im Sommer 1984 vor der Berliner Akademie der Künste gehalten worden. Man hatte den Philosophen Odo Marquard und den Pädagogen Hartmut von Hentig gebeten, die Ängste, Fluchtbewegungen, Melancholien zu kommentieren, die sich über den Folgen des Fortschritts ausbreiten. Beide Vorträge hatte man unter dem Titel »Die Erziehung des Menschengeschlechts« angekündigt.
Diesen Auftrag habe ich zu einem Zeitpunkt angenommen, als der zweite Vortrag schon im Entstehen begriffen war: mein Beitrag zu der wenige Wochen später stattfindenden Feier des zehnjährigen Bestehens der Bielefelder Schulprojekte. Ihm hatte ich den Titel gegeben, den nun der ganze Band trägt: »Die Menschen stärken, die Sachen klären«. Er sollte die am Ausgang des 20. Jahrhunderts geforderte Pädagogik umreißen und mußte sich darum mit beidem befassen, der Frage, in welcher Weise die Aufklärung am labyrinthischen Charakter unserer Gesellschaft, an ihrer ausweglos erscheinenden Entwicklung, an der Überforderung der Menschen durch ihre Systeme und Apparate schuld sei, und der Frage, wie das offenkundige Elend der Pädagogik der Gegenwart zu verstehen und womöglich damit zu verknüpfen sei. Mit anderen Worten, ich mußte, um den zweiten Vortrag halten zu können, die Fragen beantwortet haben, die sich im ersten stellten. Sie gehören zusammen.

Beim Niederschreiben beider Vorträge begleitete, beschränkte und beruhigte mich das Bewußtsein, daß ich vor über einem Jahrzehnt – auf einer Tagung der Humanistischen Union zum Thema »Kinderfeindlichkeit in Deutschland« – einen Vortrag gehalten und veröffentlicht hatte, der den Titel trug »Über die Schwierigkeit, eine Gesellschaft aufzuklären,

die sich für aufgeklärt hält«. In ihm hatte ich einer Einrichtung, die sich der unvollendbaren Aufgabe der Aufklärung der Gesellschaft widmet, einen ihr ›von innen‹ drohenden Irrtum vorgehalten: bestimmte Mittel – Begriffe, Verfahren, Einrichtungen – seien per se aufklärerisch. Mit diesem Vortrag, der die Wirkungsweise der berühmten »Dialektik der Aufklärung« einmal im konkreten Vollzug analysiert, habe ich mir in den beiden späteren (hier vorangestellten) Vorträgen den Umstand ersparen können, immer auch den Mißbrauch der Aufklärung und dessen spezifische Folgen mitzubehandeln. 1973 war der Vortrag vor der Humanistischen Union noch ein Ärgernis, hatte eine skandalisierende Funktion (was man auch der Sprache anmerkt). Heute hilft er beim Abräumen: Wenn man sich der Prinzipien der Aufklärung und ihrer Unentrinnbarkeit auch angesichts ihrer schwierigen Folgen versichert hat (Teil I) und wenn man die Konsequenzen für die Erziehung heutiger Menschenkinder daraus zurechtgelegt hat (Teil II), dann ist es immer noch nötig und wichtig, sich der Verfehlungen, Verkrampfungen, Verballhornungen zu entledigen, die eine unaufgeklärte, sich dogmatisierende Schule der Aufklärung über sich und uns gebracht hat und bringt (Teil III).
Ich danke Paul Becker und Gisela Grunwald für die Durchsicht und Ordnung des Manuskripts.

Bielefeld, den 8. 12. 1984 *Hartmut von Hentig*

TEIL I

Eine »Erziehung des Menschengeschlechts«? (1984)

Das kleine, alltägliche, private Problem

Vor fünf Tagen bin ich mit dem laut vor mir selbst ausgebrachten Vorsatz zu Bett gegangen: »Schluß mit dem Lesen – morgen früh wird mit dem Aufschreiben begonnen!« Gemeint war das Aufschreiben dieses Vortrags.

Was ich beschlossen hatte, war vernünftig und unvernünftig. *Vernünftig* insofern, als es weniger unvernünftig war, als die Niederschrift noch weiter hinauszuschieben – mit der berechenbaren Gewißheit, daß ich dann ohne Manuskript vor mein Publikum treten müßte. *Unvernünftig* insofern, als auch ein Manuskript die Unfertigkeit der Gedanken nicht rechtfertigt und schon gar nicht vor einem klugen Publikum verhüllen kann.

Im Grunde hätte ich meine Beteiligung an dieser letzten Runde von Dialogen über das Thema der Akademie absagen müssen. Diese vernünftige Überlegung wurde alsbald von der nicht weniger vernünftigen eingeholt: Ich hätte nie zusagen sollen, weiß ich doch, daß mein unkontemplativer Beruf mir nicht erlaubt, schwierige Vorträge nebenbei auszuarbeiten – den Hasard des Nachdenkens mit dem Ziel termingerechter Ablieferung des Ergebnisses.

Am Morgen des vierten Tages war mir bewußt: daß dieses hauseigene Dilemma eine wenn nicht umfassende, so doch faßliche Parabel für das hier gestellte Problem ist – jedenfalls meiner Wahrnehmung davon: »Läßt sich« (so formuliere ich es herab) »Vernunft, Vernünftigsein lehren?« Und da es – wenigstens in der Literatur, deren Lektüre ich am Samstagabend so mutwillig beendet habe – viele Menschen zu geben scheint, die es an diesem Punkt mit der Aufklärung aufnehmen: da, wo die Vernunft unser Leben nicht zu regeln vermöge, statt, wie man es erwartet, da, wo ihr Prinzip falsch sei (das folgern sie allenfalls daraus), habe ich mich entschlossen, die Unfertigkeit und Ohnmacht des (vernünftigen) Denkens im *Alltag* zum Ausgangspunkt meiner Darlegung zu machen.

Zurück zu meiner Parabel: Als ich zusagte – hat mich da »der Teufel« geritten? Es wäre schön, wenn ich das nicht nur sagen, sondern auch – wörtlich – meinen könnte: Es gibt ein erfahrbares, wenn auch nicht empirisch nachweisbares Wesen, genannt »Teufel«, das allerlei in dieser Welt tut – insbesondere den Reichen und Mächtigen dienen und die Armen und Schwachen verführen. Das Leben, denkt man, muß angenehm gewesen sein in einer Zeit, da man ihn für Mißliches aller Art verantwortlich machen konnte. Aber: erstens wird man zu keiner Zeit alles an ihn losgeworden sein (man betrog ihn zudem, wo man konnte, und bewies damit – nolens et inscius – daß man durchaus selbst verantwortlich war), und zweitens gibt es diesen Teufel, der die Schuld davonträgt, natürlich auch heute noch. Es gibt ihn – unter anderem Namen – so sehr, daß es sich lohnt, genauer hinzusehen und zu prüfen, wie viel oder wie wenig mythische und aufgeklärte Ent-Schuldigung gemein haben. Aufklärung ist nicht schon verwirklicht, wenn man die Gespenster leugnet, die Mythen und Begriffe ersetzt, die Welt entzaubert.

Der erste »Teufel« in meiner Parabel heißt: Eitelkeit. Von einem bedeutenden (zudem von mir bewunderten) Zeitgenossen gebeten werden, zu einem bedeutenden Thema gemeinsam mit anderen bedeutenden Persönlichkeiten vor einem bedeutenden Publikum zu reden – das schmeichelt. Und Schmeichelei macht unvorsichtig. Ein zweiter Verführer trat hinzu: So ganz ohne Ausstattung hierfür bist du ja nicht, raunte er mir zu. In der Tat schlage ich mich tagtäglich mit den Verderbern der Aufklärung herum; hier nun könnte ich meinen Ärger loswerden, mich öffentlich sattklagen – in aller Gelassenheit zudem. Denn ein dritter Verführer erinnerte

mich, daß ich vor elf Jahren einen Vortrag auf einer Tagung der Humanistischen Union mit dem Thema gehalten hatte: »Von der Schwierigkeit, eine Gesellschaft aufzuklären, die sich für aufgeklärt hält«. Da könnte ich nun gleich zweierlei tun: den Entdeckern des Themas sagen »Ick bün all do« und zugleich »Ick bün all weiter«, denn mir war gewiß, daß ich inzwischen viel dazugelernt habe.
Die innere Gegenstimme, die sich »Klugheit« nennt, hielt mir damals gleich vor: wie mühsam das Denken und Schreiben sei, wie ich noch immer in den letzten Tagen vor dem Abgabetermin meinen Leichtsinn verflucht habe. Und später, als ich an die Arbeit gegangen war, schalt sie: wie unvernünftig es sei, hier aufzutreten, ohne zu wissen, was die anderen vor mir geredet haben würden, ach, und wie hoffnungslos das Unterfangen, »mit all den klugen Gedanken fertig zu werden, die von Xenophanes bis Immanuel Kant, von den Enzyklopädisten bis zu den Frankfurter Gesellschaftsphilosophen über die ›Aufklärung‹ gedacht worden sind, – und wie hoffnungslos ohne sie« (siehe S. 127). Aber dann erhob sich gleich die andere Stimme und klang gar nicht mehr wie ein Verführer, sondern sehr verantwortlich und pragmatisch und ließ die Klugheit als Kleinmut, Trägheit, Inkonsequenz erscheinen: Es ist – verdammt! – dein Beruf; du kannst das Terrain nicht denen überlassen, die aus Mangel an pädagogischer Praxis viel Zeit haben, über Pädagogik zu reden, und schon gar nicht den Untergangsschwärmern, den Quartalsrationalisten, den Laßt-uns-endlich-wieder-den-Mut-haben-Aufrufern, den Nun-erst-recht-Trotzlern! Was die Herren Vorredner (Damen sind wieder nicht dabei) gesagt haben, kann dir für den Moment gleichgültig sein. Die Gegensätze werden von allein sichtbar; die Übereinstimmungen haben es nicht nötig. Und was die große Tradition der Aufklärung und ihrer Kritik betrifft: damit haben alle fertig werden müssen einschließlich dir selbst, der du diesen Einwand vor elf Jahren wortwörtlich gemacht und mit gutem Grund übergangen hast. Die Aufgabe ist immer zu groß – es ist eitel, sie *deswegen* abzulehnen.

Wohl dem, der am Ende noch von der Sache spricht und nicht nur von den Meinungen, die die anderen von ihr haben.
Genug hiervon. Es ist deutlich, daß in einer Alltagslage, in der wir gern zwischen vernünftigem und unvernünftigem Handeln unterscheiden, die Zuweisung der Argumente zu dem einen oder zu dem anderen nicht leicht ist; daß die Vernunft schon gar nicht immer vom Verstand und die Unvernunft nicht nur vom Gefühl kommt; daß keiner der genannten Gründe und Gegengründe in dieser Entscheidung außerhalb von deren Geschichte steht; daß allgemeine Prinzipien oder auch nur Maximen wenig zur Vernünftigkeit beizutragen versprechen, wenn sie nicht besondere Verhältnisse berücksichtigen; ja, daß die Klugheit gebietet, Beweggründe zuzulassen, die nicht von der Vernunft bestimmt sind. Mut und Phantasie, Freundschaft und Treue zu sich selbst, Scham (das ist auch: Angst vor Blamage) und Lust an der Wirkung spielen kräftig und ebenso berechtigt wie unkontrolliert mit.
Wie will er von hier aus zur Aufklärung kommen und gar zur Erziehung des Menschengeschlechts? – so wird man sich fragen. Ist, was er geschildert hat, nicht eine Sache der praktischen Lebensgestaltung, der »prudence«, wie die Engländer sagen, womit sie eine Ökonomie der Fehler und Vorteile meinen, die man sich leisten kann? Hat man solche Probleme nicht immer gehabt und zu lösen gewußt, unabhängig von allem, was in der abendländischen Geschichte »Aufklärung« heißt?
Ich antworte darauf mit einer Reihe von einfachen Sätzen, die deine und meine Vernünftigkeit mit der gesellschaftlichen Vernunft verbinden. Wie einfache Sätze immer, sind sie voller schwieriger Implikationen. Die Vergewisserung über sie und die Verknüpfung mit dem Thema werden folgen.

Das große, geschichtliche, öffentliche Problem

– Die ordnende Kraft vernünftigen Denkens ist für die Bewältigung unseres Lebens notwendig.

– Vernünftig wird und wirkt dieses Denken durch die Gemeinsamkeit, Wiederholbarkeit und also Dauer und Verläßlichkeit seiner Figuren: »Dies ist eine Feststellung« / »Dies ist eine hinreichende Begründung« / »Dies ist ein zwingender Beweis« / »Dies ist ein gültiger Vergleich« / »Dies ist ein Widerspruch« – usw.

– Es lassen sich andere Formen menschlichen Lebens denken, die auf anderen Ordnungen beruhen: Macht, Magie, Mysterium, Intuition, Vision, Erscheinung (im doppelten Sinn). (Auch sie ermöglichen ein Leben von Menschen in der Gemeinschaft, also eine Kultur, nur, wenn sie gemeinsam und dauerhaft akzeptiert und in dem Sinn »verstanden« sind.)

– Die Welt, in der wir geschichtlich leben, ist weitgehend nach rationalen Ordnungen aufgebaut.

– Sie enthält jedoch auch – zu größeren Teilen, als wir in den letzten zwei Jahrhunderten zugegeben haben – Natur, etwas, das nicht nach unserem Denken geordnet ist.

– Der Mensch hat an ihr teil; aber das heißt nicht, daß ihre Gesetze seine Gesetze sind und schon gar nicht seine Gesetze ihre.

– Wir können nicht »nach der Natur« leben – nicht erst jetzt. Denn »nach der Natur« leben heißt ja wissen, nach welchen Gesetzen oder doch Prinzipien sie sich richtet. Entweder man lebt in ihr und folgt ihr, ohne über sie nachzudenken (wie das Tier), oder man versteht sie, weil man nicht in ihr ist und also über sie nachdenkt.

– Wir können auch nicht »gegen die Natur« leben. Wir müssen sie darum zu verstehen suchen, so gut es geht.

- Verstehen setzt die Verständlichkeit des zu Verstehenden voraus – in Grenzen zumindest: so wie wir unseren Hund zu »verstehen« meinen, wenn er mit dem Schwanz wedelt.
- Das, was verständlich ist, weil *wir* es verstehen können, mag wenig oder viel sein: es ist die Basis für ein verständiges Verhalten gegenüber den Dingen.
- An der Verständlichkeit der Welt – der von uns gemachten wie der von uns nicht gemachten – müssen wir immerfort arbeiten. Die Schwierigkeit erneuert sich ständig einerseits durch die Geschichte, in der wir jeder nur ein kurzer Gast sind, und andererseits durch die Tatsache, daß wir nicht eindeutig dem einen oder dem anderen, der Natur oder der Kultur, angehören.
- Wir müssen die Verständlichkeit der Welt zu einem großen Teil uns selber abringen: das Zutrauen herstellen, daß solche Verständlichkeit möglich und tauglich ist, die Bereitschaft zum Wandel der Verständlichkeit (durch Fortschreiten des Verstehens oder durch geschichtliche Erfahrung) aufbringen, ein Bewußtsein von den Grenzen solcher Verständlichkeit entwickeln.
- Diese Bemühung trägt den Namen Aufklärung.

Ich lasse es bei der Gegenüberstellung dieser beiden – von der Verständlichkeit der gemachten und der Verständlichkeit der von Natur gegebenen Welt. Ich lasse zwei andere Verständnisschwierigkeiten beiseite: Gott und die Geschichte. Gott und die geoffenbarte und also geglaubte Sinnhaftigkeit = Menschlichkeit der Schöpfung oder seine erfahrene Unergründlichkeit einerseits und die Geschichte als sich allmählich enthüllender, erst von ihrem Ende her erkennbarer Sinn andererseits. In beiden Figuren wird dem Ganzen die Verfassung des Teils unterstellt, des in Zwecken und Ordnungen denkenden Menschen. (Die großen Naturwissenschaftler haben mit der geschaffenen wie mit der gewordenen, geschichtlichen Natur das gleiche getan – sie dargestellt, als hätte der Mensch sie gemacht: als Uhrwerk – Newton – oder als zweckmäßige Selbstvervollkommnung – Darwin – oder als Zahlenwerk/Mathematik – die Pythagoräer. Sie »rationalisieren« die Welt im Prinzip nicht anders als die Schöpfungsmythen; sie sagen nicht, daß der Mensch sich dies alles untertan machen solle; sie haben es schon für ihn getan.) Ich würde freilich den Begriff der Aufklärung bis zur Unbrauchbarkeit erweitern, bezöge ich jeglichen Anthropomorphismus ein – die Theodizee vor dem Ende Gottes, um mit Odo Marquard zu reden. Es genügt, Gott und Geschichte zu erwähnen und damit anzudeuten, wie unentrinnbar das Motiv von der Verstehbarkeit der Welt ist.

Man ahnt jetzt wohl, wie ich das Prinzip der Aufklärung, die Verständlichkeit der Welt mit dem Alltag und über ihn mit der Pädagogik verbinde: Wir brauchen Zutrauen zu dieser Möglichkeit, ein doppeltes und also geteiltes Zutrauen: daß der *Mensch* die *Welt* verstehen kann, (a) weil sie nicht unverständlich ist und (b) wenn er seine Rationalität richtig gebraucht. Wo die Welt sich der rationalen Erklärung sperrt und dadurch *Verständlichkeit* erschwert, ist es dem Menschen möglich, bekömmlich und geboten, *Verständigkeit* herzustellen. Menschen können vernünftig in ihr und miteinander leben. Vernunft ist die Fähigkeit, mit dem unverständlich Bleibenden zurechtzukommen, ohne die Forderung nach Verständlichkeit aufzugeben.

Dieses Prinzip hat lange Zeit zur Wahl gestanden, war eine Option unter vielen möglichen. Die Griechen nahmen die Unstimmigkeit, das *non liquet* der Welt hin; der Höhepunkt des menschlichen Verstandes ist das Erreichen und das Aushalten der Aporie; die Sinnfigur des Lebens ist die Tragödie. Die Christen geben die Unvollkommenheit des Menschen in der Welt Gott anheim; sein Wille ist der Sinn, seine Gnade fängt auf; Er-Lösung tritt an die Stelle von Lösung. Nietzsche verwirft die Buchhaltererklärungen und setzt auf die Schönheit, die Rechtfertigung der Welt als ästhetisches Phänomen.

Die Existentialisten bestreiten, daß das Leben einen Sinn *habe*, wir müssen den Sinn *setzen* – durch Tat. Heute hängt an dem Prinzip der Verständigung nicht nur das Wohl und Wehe des einzelnen, der sie findet oder versäumt, sondern das der Menschheit. Und das wiederum macht uns empfänglich für die Einsicht, daß auch die anderen Deutungen und Bewertungen zwei »rationale« Grundsätze befolgen: Sie versuchen folgerichtig zu sein (sie unterwerfen sich dem Gesetz der Gemeinverständlichkeit) und sie dienen dem Leben – seiner Erhaltung, Fortsetzung, Steigerung. Das Manichäertum bleibt die Ausnahme und kommt nur gleichsam durch die Radikalisierung des ersten Grundsatzes – der Folgerichtigkeit – zustande. Mystiker, Orgiasten, Obskuranten, die es auch zu allen Zeiten gibt, vertreten nicht Unverständlichkeit der Welt, sondern behaupten einen anderen Zugang zum Verstehen. Und sie leugnen jene Dauerhaftigkeit.

Daß die Aufklärung vor allem ein Zutrauen des Menschen zu seiner Vernunftfähigkeit verlangt, wußten die Aufklärer des 18. Jahrhunderts. Über dem Enthusiasmus, ja der industriellen Wut, mit der das wissenschaftliche, das 19. Jahrhundert sie betrieb, verlor man dieses Wissen. Heute ist das erste Gebot der fortlebenden Aufklärung, daß sie den Menschen mit einem Zutrauen ausstattet, das nicht an den sich ständig erweiternden Horizonten erlahmt, das nicht an den durch Aufklärung neu entstehenden Fronten in der eigenen Menschlichkeit zerbricht, das nicht an der in Unverständlichkeit entgleitenden Geschichte verzweifelt. Und dies jedenfalls *kann* in dem Vorgang gelingen, den wir »Erziehung« nennen – *kann*, wenn er dies bezweckt und so angelegt ist.

Wir haben uns nicht für oder gegen Aufklärung zu entscheiden – so oder so leben wir von ihr. Auch die Sätze, die sie widerlegen sollen, müssen sich vor den Prinzipien des gemeinsamen Denkens ausweisen, suchen Allgemeingültigkeit und Widerspruchslosigkeit, behaupten, in diesem unserem Leben überprüfbar, verläßlich, »vernünftig« zu sein. Ich plädiere für die *Wiederherstellung* der Aufklärung, für die

Restitution ihrer – sit venia verbo – ›Weisheit‹ gegen (a) einen autoritären Rationalismus und (b) einen daraus erwachsenden anachronistischen Okkultismus. In einer Welt, in der uns – dies ist keineswegs verwunderlich – bei soviel mehr Maßnahmen auch soviel mehr ungewollte Wirkungen ereilen (sie »Nebenwirkungen« zu nennen hieße sie verniedlichen), in der also vieles unberechenbar, unheimlich, unvernünftig bleibt, müssen wir umso mehr Kraft auf vernünftige Korrektur, auf die *Aufklärung der Aufklärung* verwenden, auf eine Erkenntnisanstrengung, die unsere Blindheit gegenüber dem Ganzen, gegenüber dem Individuum, gegenüber der Zukunft aufzuheben verspricht, die uns buchstäblich vor-sichtiger macht als die Regeln des bloß kausalen Verstehens, als die sich scheinbar daraus ergebende Berechenbarkeit der Folgen, als die Verfügbarkeit der Mittel zum gegenwärtigen Zweck, als die begriffliche und institutionelle Rettung der gewohnten Ordnungen – und die doch die Gemeinverständlichkeit der Erkenntnis, die Rechenschaftspflicht unter den Vernünftigen, die Mündigkeit der Vernunft einhält.

Wissenschaft schafft Wissen, nicht Sinn. Wenn – »nach dem Tode Gottes« – von ihr erwartet wird, daß sie Sinn liefere, muß sie dies nicht nur mit Bestimmtheit ablehnen, sie muß sich selbst anders darstellen, damit sich die Verwechselung von Erkenntnissicherung und Bestätigung von Sinn nicht in den Vorstellungen der Menschen einnistet: leben sie doch in einer von dieser Wissenschaft tief geprägten Welt!

Der mir erteilte Auftrag

Ich habe von der Akademie einen doppelten Auftrag erhalten: Erstens über »Die Erziehung des Menschengeschlechts« zu reden, ja Bilanz zu ziehen, und zweitens damit einen Beitrag zu einer Veranstaltungsreihe mit dem Thema »Das Elend der Aufklärung« zu leisten. In beiden Formulierungen und in der Subsumierung des einen unter das andere stecken mehr oder weniger ausdrückliche Behauptungen, die ich vereinfacht herausstelle:

- Eine Denkart, die sich in einer bestimmten Epoche voll entfaltet und zur wohl wirksamsten geistigen und politischen Bewegung der Neuzeit verdichtet hat, ist in Not geraten: sie hat und bereitet Schwierigkeiten, ist vielleicht schon »gescheitert«.
- Es gibt Personen oder Institutionen, die sich die »Erziehung des Menschengeschlechts« vorgenommen haben.
- Dieses Unterfangen hat etwas mit der Aufklärung zu tun und Anteil an der von dieser verschuldeten Krise.
- Hierüber ist jetzt zu urteilen.

Die der Aufklärung angelastete Krise werden die anderen Beiträge in dieser Reihe analysiert haben. Das wird in Verlängerung der Sätze geschehen sein, die Günter Grass auf die Rückseite der Einladung gesetzt hat: Die Aufklärung »hat nicht nur sozialen Fortschritt befördert und die Menschenrechte erklärt; ihr Anteil an den gegenwärtigen Krisen und deren Bündelung zur Katastrophe – sie hieße ›Das Ende des Menschengeschlechts‹ – ist gleichfalls nachzuweisen.« Ich werde meinerseits die Vorwürfe hinzufügen, die man insbesondere der Pädagogik, den Bildungsanstalten, ihren Ansprüchen, Verfahren, Wirkungen in diesem Zusammenhang heute macht. Ich würde mich gern vor allem den Folgen widmen, die ein leichtfertiger Rationalismus für die Zerstörung der Aufklärung hat: dem unverhüllten Gegenschlag des Irrationalismus; der Entmutigung, dem Pessimismus und Agnostizismus angesichts der ungelösten großen Lebensprobleme der Welt – der Hochrüstung, der anhaltenden Kriege, die jederzeit in Weltkriege umschlagen können, der Arbeitslosigkeit, des Bevölkerungswachstums, des millionenfachen Hungertods, der zunehmenden Entfremdung ganzer Nationen von ihrer Geschichte; weiter: der Apolitie, dem Fatalismus und Fanatismus; der fortgesetzten Zerstörung der Natur (viel weniger in unseren Breiten als in anderen Teilen der

Erde, aber unter von uns bestimmten ökonomischen Gesetzen); der Weigerung, an die Möglichkeit einer vernünftigen Begrenzung oder gar Rücknahme der Entwicklungen zu glauben; der fortgesetzten kopflosen Flucht nach vorn; der Ersetzung von menschlicher Beziehung durch Apparate einerseits und Therapie andererseits.

Es sollte deutlich geworden sein, daß ich mit den Implikationen beider von den Veranstaltern gemachten Vorgaben unzufrieden bin: Die Aufklärung sei an allem schuld, und: Es habe einen in ihrem Dienst stehenden Versuch der Erziehung des Menschengeschlechts gegeben.

Wir haben es erstens nicht mit einem von der Aufklärung bescherten Elend zu tun, sondern mit dem Elend der Religion, der *polis*, der Kunst, der Pädagogik. Die Aufklärer trifft überall dort Schuld, wo sie die Grundsätze der Aufklärung verraten haben, z. B. den, daß der Maßstab des Handelns nur die menschliche (und nicht eine ausgedachte, »göttliche«) Vernunft sein kann. So habe ich selber bei der Gründung meiner Bielefelder Schulen gesündigt und bin ›idealistisch‹ verfahren; ich habe um der Stimmigkeit der Idee willen den Menschen – Eltern, Lehrern, Behörden (nicht den Schülern!) – ein Maß an Vernunft abverlangt, für das ich ihnen die Voraussetzungen schuldig geblieben bin. In der Bildungsreform ist dies oft geschehen – und ohne die Möglichkeit der Korrektur, die ich in den menschlichen Ausmaßen meines Bielefelder Versuchs habe.

Sodann: Wenn man der Pädagogik bei der Erfüllung ihrer Aufgaben helfen will, dann indem man sie von einem falschen Auftrag, einer »Erziehung des Menschengeschlechts« befreit und sie zu einem bescheidenen Mittler dessen macht, was sie vermitteln kann – die Voraussetzungen und Mittel verantworteter Aufklärung.

Prüfen wir zunächst – dies erwartet man zu Recht von Pädagogen –, was es mit einer »Erziehung des Menschengeschlechts« auf sich hat. Was meint man damit, und kann das ein Mittel der Aufklärung sein?

»Die Erziehung des Menschengeschlechts« steht über einer kleinen, exakt in hundert Paragraphen eingeteilten Schrift von Lessing. Der erste Paragraph lautet: »Was die Erziehung bei dem einzeln Menschen ist, ist die Offenbarung bei dem ganzen Menschengeschlechte.« Genauer: »Erziehung ist Offenbarung, die dem einzeln Menschen geschieht: und Offenbarung ist Erziehung, die dem Menschengeschlechte geschehen ist, und noch geschieht« (§ 2). Was Lessing darstellt, ist nicht weniger als die Geschichte und Begründung des Erziehungsplans, den Gott für die Menschen erdacht und ins Werk gesetzt hat, und zwar, um sein von ihm selbst mit Vernunft begabtes Geschöpf ›früher‹ zur Erkenntnis der Wahrheit des Einigen Gottes zu bringen – früher als es ohnedies dahin gelangte. Zwar gebe die Offenbarung dem Menschen nichts, worauf er nicht durch seine Vernunft auch käme, aber sobald diese – sich selbst überlassen – den Begriff vom Einigen Gott zu bearbeiten anfängt, den dieser dem Menschen ursprünglich mitgegeben hat, zerlegt sie den ›Einzigen Unermeßlichen‹ in ›mehrere Ermeßlichere‹. Es entstehen Vielgötterei und Aberglauben, der Mensch gerät auf Irrwege. So mag es viele Millionen Jahre zugegangen sein.
Da wählte Gott – um der Menschheit gleichsam bei den Schularbeiten zu helfen – ein einzelnes verwildertes, durch seine verzweifelte Lage hierfür geeignetes Volk, das Volk Israel, um mit ihm ganz von vorn anzufangen. Gottes Zwiesprache mit ihm, seine Taten an ihm, seine Offenbarungen vor ihm sind ein Elementar*unterricht*, dessen Aufzeichnung ein Elementar*buch* für das Menschengeschlecht in seiner Kindheit ergibt: in angemessener bildlicher Sprache und voller ›Vorübungen‹, ›Anspielungen‹, ›Fingerzeige‹ auf die spätere Deutung. In einer nächsten Stufe – im Knabenalter – schickt Gott den Menschen einen zuverlässigen, praktischen Lehrer, der ihnen die Unsterblichkeit der Seele predigt und die ungeheure Bedeutung dieser Tatsache vorlebt. Haben sie bis dahin aus Furcht vor Strafe im Gehorsam gegen Gott gelebt, so werden sie nun durch die Klugheit und das Beispiel

dieses Meisters zum richtigen Lebensprinzip überzeugt. Auch dieses zweite Elementarbuch ist nur Vorstufe dafür, daß aus geoffenbarter Wahrheit Vernunftwahrheit werden könne: eine, die der Mensch von sich aus ganz annimmt – annehmen kann, weil er die Stufen der Offenbarung durchmessen hat und daran erwachsen geworden ist. Der Mensch bedarf nun des Alten Testaments nicht mehr für die Lehre von der Einheit Gottes und nicht des Neuen Testaments für die Lehre von der Unsterblichkeit der Seele. Die Wirkungen jener Offenbarungen vergleicht Lessing dem »Fazit, welches der Rechenmeister seinen Schülern voraussagt, damit sie sich im Rechnen einigermaßen darnach richten können. Würden sich die Schüler an dem vorausgesagten Fazit begnügen: so würden sie nie rechnen lernen« (§ 76). Und so gibt es denn in Gottes Plan eine dritte Phase, in der jeder einzelne Mensch den Weg der erwachsenen Menschheit finden muß – nicht in der *fides historica* aufgehoben, nicht der Autorität des Vaters und seines Sohnes folgend, nicht unter dem Gesetz von Lohn und Strafe richtig handelnd und glaubend und nicht um einer »besseren Zukunft willen«, sondern weil er das Gute als das Gute erkannt hat und sein Verstand den Sinn auch von so schwierigen Lehren wie der Dreieinigkeit oder der Erbsünde oder der Genugtuung durch den Sohn für sich selbst nachvollzieht. Da die Anfechtungen aus eben diesem Verstand kommen, müssen sie in ihm beantwortet werden – nicht in der Tradition des Glaubensvolkes. Und die moderne Theologie gibt Lessing darin auch theologisch recht: »Der Glaube ist nicht durch die historische Kritik, sondern durch die Sucht nach falschen historischen Vergewisserungen gefährdet« (Thielicke, 1980, S. 86).

Abgesehen davon, daß der kleine Traktat ein Meisterwerk aufklärerischer Didaktik ist, enthält er einige für die Aufklärung äußerst schwierige Prämissen: einen Gott, der seine eigene Schöpfung korrigiert; dem es am Ende auf den einzelnen Menschen ankommt, der sich ihm aber »nicht mehr offenbaren konnte, noch wollte« (§ 8), der – vor allem – den geraden Weg dem gewundenen nicht vorzieht, dem wir also nie mit Sicherheit, immer nur mit Wahrscheinlichkeit auf der Spur sind. Ja, das Werk beweist zu seinem Teil, (a) daß man geschichtliche Entwicklungen und Ereignisse immer erst im nachhinein verständig deuten (»Gottes Plan« in ihnen erkennen) kann, und (b) daß die Widersprüche und Schwierigkeiten dazu dienen, uns selbständig zu machen. Ist es Lessing »doch gewiß, daß der menschliche Verstand ohne jenem Knoten noch lange nicht – und vielleicht auch nie – auf bessere und strengere Beweise [von Gottes Gerechtigkeit oder von der Unsterblichkeit der Seele] gekommen wäre« (§ 28). Wem fällt hierüber nicht ein, daß dieser Lessing in seiner »Duplik« schreibt: »Wenn Gott in seiner Rechten alle Wahrheit und in seiner Linken den einzigen immer regen Trieb nach Wahrheit, obschon mit dem Zusatz, nicht immer und ewig zu irren, verschlossen hielte und spräche zu mir: ›Wähle‹, ich fiele ihm mit Demut in seine Linke und sagte: ›Vater, gib! die reine Wahrheit ist ja doch nur für dich allein!‹« – und daß dieser Lessing der Dichter des *Nathan* ist und der Verkünder der Ringparabel. Der echte von den drei Ringen ist der, der die Fähigkeit hat, den Träger »vor Gott und Menschen angenehm zu machen«. Seine Wahrheit ist eine Wirkung, die sich an mir durch mich vollzieht, keine Eigenschaft, die er an sich besitzt und die ich also in ihm besitzen könnte. Kann aus solcher Bescheidung gegenüber der Wahrheit, die Gottes allein ist, kann aus der Überzeugung von ihrer prinzipiellen Subjektivität, kann aus der kunstvoll dargelegten Grundentscheidung über Erziehung und Offenbarung eine *von Menschen* geplante und angeleitete »Erziehung des Menschengeschlechts« hervorgehen, ja überhaupt gedacht werden? Kann ein solches Programm der Aufklärung unterstellt werden, wenn denn Lessing ein Aufklärer war? Oder: mit welchem Recht nennt man ihn einen solchen, wenn denn jenes Programm zur Aufklärung gehören sollte?

Der Anspruch, die Menschheit zu erziehen – wie der Ausdruck sprachlich impliziert: nach *einem* Plan und zu *einem*

Ziel –, ist in der Geschichte nicht so oft erhoben worden, wie man vermuten möchte. Die mir einfallenden Beispiele vermehren meinen Zweifel, ob er überhaupt Aufklärern und nicht vielmehr nur Heilsbringern, Dogmatikern, Schwärmern zuzuschreiben ist.

Die alten Griechen waren – mit Verlaub – zu hochmütig für einen solchen Plan: *paideia* war etwas nur für Griechen. Barbaren hätten, um ihrer teilhaftig zu sein, Griechen werden und das heißt von Grund auf anders leben müssen. Das haben einzelne »Barbaren« gekonnt und getan, aber es war unsinnig zu erwarten, daß Barbaren gemeinhin es auch nur wollten.

Die Römer verbanden mit dem Wort für die gesamte Menschheit auch ein Ideal: *humanitas.* Das Vollkommene war für einen Cicero das Menschliche, nicht das Göttliche. Aber es durch einen Erziehungs- oder Bildungsplan – auch nur für sich selbst – erreichen zu wollen, ist ihnen nicht in den Sinn gekommen. *Eruditio* durch *artes liberales*, durch *institutio oratoria* und durch *tirocinium fori* – das waren Merkmale einer bewußten Standeserziehung, kein Weg der Menschheit zur *Humanitas.*

Die Stoa hat sich zwar weltweit verbreitet, aber sie hatte nichts weniger im Sinn, als weltweite Wirkung zu tun. Ihr Feld war die Seele des einzelnen, und da stand sie in Konkurrenz zu den Epikureern, den Platonikern und später den Christen.

Im Christentum lag ein erster Anlaß zu einem Großangriff auf Geist und Seele der ganzen Menschheit; aber der geschah nicht durch einen Erziehungsplan, sondern durch Verkündigung, Zeugnis, Erweckung und die Bildung von Gemeinden.

Erst in der Renaissance, in dem mit Recht so genannten Humanismus, setzen die unterschiedlich sanften oder machtvollen Wellen pädagogischer Missionierung ein: durch in sich geschlossene Systeme zur Bildung eines Neuen Menschen, getragen vom Pathos der Befreiung aus »mittelalterlicher Roheit«, Verdunkelung, Unmündigkeit, Provinzialität. Das

Licht wird zum Symbol der Schule und löst die Rute in dieser Funktion ab.
Kant, Schiller, Fichte haben sich mit ihren Schriften an den Menschen, die Menschheit gewandt – in pädagogischer Absicht, aber ohne pädagogisches System. Karl Schmidt brachte 1860 eine vielgelesene Geschichte der Pädagogik »in weltgeschichtlicher Entwicklung und im organischen Zusammenhange mit dem Culturleben der Völker dargestellt« heraus – eine nachträgliche Synopsis, mehr nicht.
Unter allen Pädagogen hat wohl keiner die »Erziehung des Menschengeschlechts« – nicht nur von Menschen – mehr im Sinn gehabt als Comenius. Überzeugt von der Wiederkehr Christi, gleichsam im Besitz von Gottes Zeitplan, kundig in den Zeichen der Zeit (die Welt weitete sich sichtbar aus; Drake hatte 1580 die zweite Umsegelung der Welt vollendet; Grotius hatte 1625 die Prinzipien eines Völkerrechts aufgestellt; Bacon gründete die neue Erfahrungswissenschaft), machte er sich daran, das dritte Licht des Geistes zu heller Flamme zu entzünden: neben dem Licht der Offenbarung und neben dem Licht der Schöpfung, der Gestirne. Sein Plan der »Allerweckung« (1645) ist total – vom ersten Lebensjahr an, für beide Geschlechter, jeden Stand und die ganze Welt, alle Gegenstände und Lebensbereiche umfassend, alle Mittel nutzend: universale Sprache, universale Lehrbücher, universale Schulen und Lehrer.[1] Seine Lehre ist eine eigentümliche Mischung aus Spekulation, Pragmatismus und didaktischem Eifer und ist nur dadurch erträglich für den, der Kindern wohlwill; sie nimmt alle Redeweisen und Metaphern des Aufklärertums vorweg und ist dadurch tröstlich für den, der die Ehre und Gültigkeit einer anderen Aufklärung zu retten sich bemüht: so alt, so ehrwürdig, so vorrationalistisch ist das alles, was die Menschen heute erneut erschreckt.
Die Forderung, eine Pädagogik müsse menschheitlich-universal und von Grund auf systematisch sein, hat die Pädagogen seither nicht mehr verlassen. Eine »Erziehung des Menschengeschlechts« haben gleichwohl nur wenige entworfen,

und immer war sie verbunden mit dem Auftrag – der ihnen aus einer politischen oder philosophischen Idee zukam –, einen *Neuen Menschen*, den »Jahrtausendmenschen« (Robert Jungk), heranzubilden, der seinerseits diese Idee in einer neuen Gesellschaft verwirklichen sollte.
Prüfen wir nun, ob die Aufklärung einen solchen Auftrag erteilen konnte und/oder erteilt hat, ob sie in der Lage war, Gott die Erziehung des Menschengeschlechts aus der Hand zu nehmen, in die Lessing sie gelegt hatte.
Ich tue dies, indem ich

- die wichtigsten Merkmale der Aufklärung rekapituliere, also sage, was die Aufklärung ist und nicht ist, und
- die besondere Anklage verlese, die man gegen die heutige Pädagogik erhoben hat – gegen eine Verschwörung wider den *common sense*, wider die Kultur, wider die Menschlichkeit.

Das letztere tue ich in der Überzeugung, daß ohnedies alle hieran denken – an das Ärgernis, das sie am heutigen Schulwesen nehmen – und nicht an die Abstraktion »Erziehung des Menschengeschlechts«. Ich werde dabei zu jedem Anklagepunkt gleich die Antwort aus den Grundsätzen der Aufklärung heraus geben können: »schuldig« oder »unschuldig« oder »nicht zutreffend« oder »nicht entscheidbar«.

Zum ersten: Was ist Aufklärung und was ist sie nicht?

Ich zähle zehn Merkmale auf – zehn und nicht neun oder dreizehn. Das bekräftigt gut aufklärerisch, daß *ich* Herr des Verfahrens bin: das erkennende Subjekt gibt der Sache die verständige und verständliche Ordnung. Ich versuche hierbei so gut ich kann, klassische Aufklärer als Zeugen für die behaupteten Merkmale heranzuziehen. Aber auch hierbei herrscht mein Urteil vor. Die Aufklärer haben einander widersprochen, wovon das Bild auf der Einladung zeugt:

Rousseau und Voltaire im Streit. Es ist eine notwendige Folge und somit selbst ein Merkmal der Aufklärung, daß die Wahrheit unter Menschen umstritten bleibt, daß die Erkenntnis auf Umwegen zu ihr gelangt, daß es Dialektik, Entwicklung, reale Geschichte gibt. Ich wähle die Äußerungen aus, die versprechen, ein einigermaßen stimmiges Ganzes zu ergeben.

1. Der Mensch ist freiheitsfähig und freiheitspflichtig. Er ist nicht frei, er muß es werden.

Empirisch sind beide Sätze nicht. Aber im Leiden an der Unfreiheit und im Nachdenken über ihre Gründe findet der geschichtliche Mensch einen Maßstab für und Hoffnung auf Freiheit zunächst in außergeschichtlichen Konstrukten, in den Zuständen vor aller Gemeinschaft, vor aller Herrschaft, vor aller Kultur – in Arkadien, auf Samoa, in der Kindheit. Das Neugeborene ist abhängig, aber es trägt *die* Fesseln nicht, die wir mit Unfreiheit bezeichnen. »Der Mensch ist von Natur aus frei und doch überall in Ketten« (*Contrat Social* 1,1; S. 37) – das ist die Formulierung des *Anspruchs* auf Befreiung. Ein Recht auf sie ist nicht anders zu begründen als durch eine ›kontrafaktische‹ Behauptung oder durch Berufung auf »Gott«. Die Befreiung kann theoretisch »Rückkehr zur Natur« sein, praktisch muß sie anders gesucht werden: durch Umgestaltung gesellschaftlicher Herrschaft in einen Rechtsvertrag – in den *contrat social.* Diesen hat in der Geschichte niemand geschlossen; es wäre auch niemand, der in der Gesellschaft aufgewachsen ist, fähig oder gewillt, ihn zu schließen – es sei denn, er hat die Entwicklung aus dem *état naturel* in den *état civil* als Person nachvollzogen. Die Erziehung, die Jean Jacques dem Emile zuteil werden läßt, ist die künstliche und kunstvolle Sicherung dieses Übergangs: sie versetzt den so Aufwachsenden in die Bereitschaft und in die Lage, den Gesellschaftsvertrag zu schließen – wenn die Gesellschaft ihrerseits entsprechend verfaßt ist. Auf die Frage, ob der Mensch die Freiheit will und verträgt, komme ich beim Merkmal 7 zurück, das ich mit dem von Peter Gay gegebenen Stichwort »A science of freedom« kennzeichne.

2. *Der Mensch ist vernunftsfähig und vernunftspflichtig. Er ist nicht einfach – von sich aus, immer und nur – vernünftig.*

Nichts hat der Aufklärung soviel Mißverständnis eingebracht und damit ihrer Wirksamkeit so geschadet wie die in ihr – einmal! – öffentlich vorgenommene Vergottung der Vernunft. Das »Zeitalter der Vernunft« war ja auch das Zeitalter der Guillotine, und damit war die Vernunft als Mittel zur Ordnung der menschlichen Verhältnisse diskreditiert: Wer auf die Vernunft der Menschen vertraue, werde notwendig bei Schlimmerem enden als bei dem, was er durch Vernunft ablösen wollte; an den Widersprüchen der Revolution habe sich die Aufklärung selbst gerichtet. – Hat sie das wirklich?
Das Wort Aufklärung bezeichnet sowohl einen Vorgang wie einen Zustand, ein Ergebnis. Die Aufklärer haben sie immer als das erstere verstanden. Sie war vornehmlich eine pädagogische Bewegung, wollte vernünftig *machen*, vernünftiges Handeln ermöglichen, nicht zulassen, daß die gegebene Unvernunft wieder und wieder zum Vorwand für Willkür und Ungerechtigkeit diente, als Rechtfertigung der Bevormundung der einen durch die anderen. Die einen – das sind die, weil Ungebildeten, auch unkundig Urteilenden und also unvernünftig Erscheinenden. Die Verzweiflung der Aufklärer waren die Roheit, die Sinnenlust, der Aberglaube der Massen, für die ihre Zeit keine Erziehung und Bildung hatte und die sich auch jedem Versuch dazu widersetzt hätten. Für sie wußte man keinen Rat. »Canaille bleibt Canaille«, meinte Voltaire (zit. nach: Gay, 1969, S. 521), und Diderot war sich sicher, daß ihre Zahl wohl immer gleich bleiben werde, denn »das Volk ist zu dumm, zu arm, zu beschäftigt« (ebd.). An ihnen die Erziehung des Menschengeschlechts zuwege zu bringen war so aussichtslos, daß die Aufklärer für sich und

ihre Zeit auf die Autoritäten, die Führungsmodelle, die Hierarchien zurückfielen, die sie in der Philosophie und Politik bekämpften. »The three great things, that govern mankind are reason, passion, and superstition. The first governs a few; the two last share the bulk of mankind and possess them in their turns; but superstition most powerfully, and produces the greatest mischiefs« (John Locke).[2] Bei der Einführung der Gesetze haben die Führer der Völker darum zu allen Zeiten die Vermittlung des Himmels in Anspruch genommen, schreibt Rousseau (*Contrat Social* 2,7; S. 77) – aber er kann das nicht billigen. Ein Volk ist erst dann reif für eine Rechtsordnung, wenn es durch Ursprung und Interesse geeint, von Gewohnheit, Aberglaube und Furcht befreit ist und wenn den Menschen keine größeren Lasten aufgebürdet werden müssen, als sie ertragen können (*Contrat Social* 2,10, S. 85).

Verstand oder Intelligenz sind formale Fähigkeiten und – wenn auch in unterschiedlichem Maß – allen Menschen gegeben. Vernunft ist der ethische oder gesellschaftliche Gebrauch, den wir davon machen. Der muß gelernt werden – nicht durch Wörter, sondern mit der ganzen Existenz. »Die Kindheit ist der Schlaf der Vernunft« (*Emile*, S. 98) – bis der Körper und die Sinne ausgebildet sind und die Vernunft sie in ihren Dienst nehmen kann. Solange wird der Mensch durch die Erfahrung von Freude, Schmerz und Notwendigkeit angeleitet. Vernunft ist dem Menschen nach dieser Auffassung nicht eingeboren, sie kommt durch einen langen, im *Emile* geschilderten und kunstvoll induzierten empirischen Prozeß zustande. Sie wäre im reinen Naturzustand gar nicht nötig. Im Zweiten Discours zeigt Rousseau folgerichtig, »daß die Reflexion wider die Natur und ein Mensch, der nachdenkt [médite], ein entartetes Tier [un animal dépravé] ist« (*Über die Ungleichheit*, S. 99).

Ihr Verhältnis zu den Sinnen ist kompliziert. Ich komme darauf unter Merkmal 6 zurück, das ich mit dem Stichwort »der ganze Mensch« kennzeichne.

3. Als natürliches Wesen ist der Mensch so »gut« wie jedes andere Geschöpf. Das kann nicht heißen, daß er von Natur *»moralisch gut« ist.*

»Ein von Natur moralisch guter Mensch« wäre eine unsinnige Aussage. Entweder ist er von Natur gut, dann braucht er keine Moral, oder er ist moralisch gut, und dann meint dies: zur Korrektur seines natürlichen Verhaltens. Die eindeutige Behauptung bedeutender Aufklärer (beileibe nicht aller!), daß der Mensch »gut« sei, war erstens eine Antwort auf die Behauptung von der Erbsünde und zweitens – logisch gesehen – der Grund dafür, daß sie sagen konnten, er sei »entartet« – jetzt, wie sie ihn vorfanden. Die Kultur, die forderte, daß der Mensch sich sittlich verhielt, berief sich auf die Notwendigkeit, seine sowohl böse wie rohe Natur durch Stutz-, Dressur- und Verhüllungskünste zu veredeln.
Die Idee der Aufklärung brach sich ihre Bahn, als die Denaturierung der Kultur ihren Höhepunkt erreicht zu haben schien. Was lag näher, als das Gute in der Unverdorbenheit zu sehen! Aber es war den klugen Leuten, die ihrer Zeit mit ihren artifiziellen Bildern vom natürlichen Menschen zusetzten, klar, daß ein solcher in der Gesellschaft nicht leben könnte (*Emile*, S. 11) – nicht einmal in der guten. Er müßte doppelt unglücklich werden.
Das böse Kind ist Rousseau nicht unbekannt: seine *malice* entspringt der Schwäche. »Macht es stark, und es wird gut sein. Jemand, der alles könnte, wäre niemals böse« (*Emile*, S. 49). Er hätte keinen Grund dazu. Eine Ureigenschaft, seine Faulheit, würde ihn daran hindern. An dem, was die Moral außer Kraft setzt, erkennt man, was sie zu schützen hat.
Rousseau kennt auch einen natürlichen Anlaß für das moralische Gefühl, ja an ihm entsteht gleichsam die Moral: am Unrecht, das immer zuerst eine Lüge, ein Vertrauensbruch, eine Heimtücke ist. Im *Emile* (S. 48) erzählt er das Ereignis, an dem ihm dies klar wurde. Eine andere Quelle der natür-

lichen Moral ist das Mitleid (vgl. *Über die Ungleichheit*, S. 171).[3]

Die Unverdorbenheit des Menschen hingegen ist – das drückt schon das Wort aus – eine Konstruktion der Vernunft zu ihrer eigenen Rettung: der Kampf mit den Übeln war von ihr nicht zu gewinnen, wenn diese zum Wesen des Menschen gehören, wenn sie von Natur oder von Anbeginn in ihm sind. Ich komme darauf zurück, wenn ich Merkmal 6 schildere.

4. Die Menschen sind verschieden, aber in ihrer Verschiedenheit haben sie gleiche Rechte und gleiche Würde. Sie sind nicht gleich.

Und sie sollen auch nicht gleich gemacht werden. Es ist schon unbedacht und zweischneidig zu behaupten, sie seien gleich wert. In welcher Hinsicht? – als Liebhaber, als Gelehrte, als Bürger, als Christen, als Friedenskämpfer? Damit jener Satz Sinn bekommt, muß der Maßstab genannt werden. In ihren einzelnen Eigenschaften und nicht in deren abstrakter Summe »Mensch« bedeuten sie etwas. Wie leicht verfehlt man das eine Maß, in dem einer seinen Wert hat: ein guter Tröster, ein guter Geigenspieler, ein guter Sohn zu sein!

Die Einzigartigkeit der eigenen Person war Rousseau Anlaß für sein längstes, ihm wichtigstes Werk: die *Bekenntnisse*, und sie wiederum sind der ausbuchstabierte Grund für die politischen und pädagogischen Gebäude, die er zum Schutz des Individuums, seiner Verletzlichkeit, seiner Schwäche errichtete.

An Chancengleichheit konnte man vor zweihundert Jahren noch nicht denken. Dieses Wort kommt in den Schriften der Zeit nicht vor. Oder sahen die Philosophen der Aufklärung nur klarer, daß diese nicht zu verwirklichen sei, daß man vielmehr immer nur die offenkundig werdende und womöglich gewollte Chancenungleichheit bekämpfen könne? (Eine praktisch gewichtige, aber philosophisch unergiebige Erkenntnis!) Unser Problem in den letzten zwanzig Jahren war, daß, weil wir Chancengleichheit glaubten *herstellen* zu können, wir uns erspart haben zu prüfen, ob wir sie überhaupt *denken* können – konsequent denken, ohne gegen jene Voraussetzung zu verstoßen, daß die Menschen verschieden *sind* und daß dies unser aller Leben bereichert.

5. Die Welt ist erklärbar; uns ist es aufgegeben, sie uns verständlich zu machen, so gut es geht. Sie ist kein Mechanismus, aber es ist für viele Zwecke nützlich, sie so anzusehen: als etwas, das dem Gesetz von Ursache und Wirkung streng folgt.

Die Vorstellung, daß die Natur zweckhaft vorgehe, hat sich schon den alten Griechen aufgedrängt. Durch kein Wissen von den Absichten des Schöpfergottes gehemmt, konnten sie sich ausmalen, wie er – wer immer das war – die Welt sinnvoll konstruiert haben mochte. Sinnvoll hieß für sie zugleich: geordnet, schön, funktional.

Aristoteles beschreibt das menschliche Gesicht etwa so: Die Stirn bildet ein schützendes Vordach über den empfindlichen Augen; die Augenbrauen, die die Augen beschatten, sind zugleich so gebogen, daß sie den salzigen Schweiß, der sich auf der Stirn bildet, seitwärts ableiten; die Nase wacht als letzte Kontrolle unmittelbar oberhalb des Mundes über das, was der Mensch sich zuführt usw. Alles bekundet sein *telos*; es mußte so gemeint sein.

Platon sagte: Gott treibt Mathematik. Über seiner Akademie stand: Wer nicht Mathematik kann, bleibe draußen. Das hieß nicht, daß Platon und seine Schüler nur über Mathematik gesprochen, die Welt und ihre Rätsel in Mathematik aufgelöst hätten. Aus den exoterischen Schriften wissen wir ja, was sie interessierte: Schönheit und Musik, Politik und Poesie, das gute Leben und der gute Mensch. Aber das strenge, das bleibende, das nicht an den Phänomenen haftende Wissen von der Welt war mathematisch; hier entsprachen sich der Geist und sein Gegenstand.

Platon und Aristoteles (und wohl die meisten Griechen)

waren Aufklärer, wenn sie so vorgingen. Sie unterstellten den Dingen eine bestimmte Art von Verständlichkeit und wurden durch verständliche Antwort belohnt. Aber natürlich hatten sie noch andere Fragen, denen solche Antwort nicht zuteil wurde.

Andere Denker gingen weiter: Die Enzyklopädisten waren zum Teil radikale Materialisten. D'Alembert, einer der Gründer des Unternehmens, wandte sich eines Tages davon ab – erschrocken darüber, wie Diderot und die anderen mit den Phänomenen umgingen: ihre Vielfalt und Individualität auf unanschauliche Formeln reduzierend. Ihn hemmten wissenschaftliche Skrupel, genau die Skepsis, die ihn die Aufklärung gegenüber aller Metaphysik gelehrt hatte. Die Imputation einer durchgehenden und einfachen mechanischen Gesetzlichkeit schien ihm wie ein Rückfall in die Theologie.

Hundert Jahre später schildert Darwin in seinem Tagebuch, wie erregend und zugleich quälend die Beobachtungen seine anstößige Theorie vorzeichneten. Das mußte es sein: Lust *und* Pein!

Was sie alle gemeinsam erlebten, war, daß »Gott die Welt weniger unregelmäßig gemacht hatte, als sein erhabener Interpret Newton behauptete« (Gay, 1969, S. 145). Sie wollten die Physik Newtons fortsetzen ohne den Gott Newtons, und je weiter sie vorankamen, um so weniger war die Vorstellung von einem Schöpfergott nötig oder brauchbar. Es gibt gute Gründe für mythische Darstellungsformen, wenn es um die Zusammenfassung komplexer Einzeltatbestände geht, z. B. von der Schöpfung der Welt, von der Erschaffung des Menschen, von seiner herausgehobenen Stellung unter den anderen Wesen; unser Verstehen ist an unserem Sehen geübt; wir brauchen Bilder. Aber die mythische Erklärung erlaubt keine Erkenntnisentwicklung, sie verurteilt zum Betrachten, zu Passivität, sie ist unabwendbar, sie bindet die Erkenntnis an ein Urereignis, sie läßt kein Räsonieren, keine Kritik, keine Anwendung zu.

Nach dem Prinzip der Aufklärung bestimmt die Vernunft – und nur sie – die Grenze der Vernunft. Soll dieser Satz einen Sinn haben, muß Vernunft mehr heißen als Ratio; aber er gilt auch für sie.

Bei Hans Jonas finde ich ein gutes Beispiel für die Funktionsweise dieses Prinzips. Er überprüft in einem Essay »Die Ehrfurcht vor der Natur. Plädoyer für eine Selbstzensur der Wissenschaft« (1983) zwei ihrer Grundüberzeugungen: die von der Wertfreiheit der Wissenschaft und die von der Freiheit der Forschung. Die These von der Wertfreiheit heißt einerseits: Halte deine Werturteile heraus, und andererseits: Von sich aus ist der Erkenntnisgegenstand gegenüber den Werten neutral. Diese Wertindifferenz ist gleichsam die Voraussetzung dafür, daß mir die Objektivität gelingt, die ich intendiere. Hieraus läßt sich folgern, daß ich mich an dem an sich gleichgültigen Gegenstand der Natur nicht versündigen kann; es läßt sich weiter folgern, daß aus der Erkenntnis eines solchermaßen neutralen Seins keine Erkenntnis über ein Sollen herauskommen wird. Wo aber kommen die Werte dann her? Wie erkenne und beurteile ich meine Interessen, beispielsweise mein Erkenntnisinteresse an diesem Gegenstand?

Dies mag genügen, um zu zeigen, wie die wissenschaftliche Rationalität sich selbst und ihre Bedingungen überprüft. Das gehört zu ihrem Geschäft. Vollends muß die öffentliche Vernunft die Bedingungen vernünftigen Handelns überprüfen – und darf dies nicht den Dichtern, darf es keiner Priesterschaft, keinem Orakel, keiner Mehrheit, keiner anderen Macht und schon gar nicht ihren Knechten, den Computern, überlassen.

Die eigentliche Domäne der historischen Aufklärung war freilich die neubegründete Wissenschaft (*science*) vom Menschen. Seinen *Treatise of Human Nature* (1740) kündigte David Hume als »An Attempt to introduce the experimental Method of Reasoning into Moral Subjects« an. Aber damit war nicht die Objektivierung des Menschen und seiner sozia-

len Beziehungen gemeint, nicht Lamettries »homme machine«, nicht die Geometrisierung seiner Seelenregungen (wie man sie in der Berliner Schaubühne in den Stücken von Marivaux ausgelegt sehen konnte), sondern eine Systematisierung dessen, was die Menschheit immer schon getan hat – in der Geschichte, in der Völkerkunde, in der Philosophie, in der Politik: »glean up our experiments in this science from *a cautious observation* of human life, and take them *as they appear in the common course of the world, by men's behaviour* in company, in affairs, and in their pleasures« (David Hume).[4]
Dies leitet zum nächsten Merkmal über.

6. Aufklärung ist eine Lebensform, nicht eine Anleitung des Verstandes zur weiteren Ausbildung des Verstandes.

Auch hier wird man meinen, ich begünstige mich durch die Auswahl meiner Zeugen. Nicht alle Aufklärer haben wie Rousseau den ganzen Menschen im Sinn gehabt, aber alle haben sich an der »Revolte gegen den Rationalismus« beteiligt, wie ein besonders lesenswertes Kapitel in Peter Gays Buch *The Enlightenment* überschrieben ist. Aufklärung war Befreiung von Denkschranken – also auch und vor allem von Descartes' »cogito ergo sum«. Die Aufklärer hätten dieses Wort wohl ebensogut umdrehen können. »Reason«, so argumentierte Hume, könne weder den Willen beeinflussen noch die Sittlichkeit erwecken, noch jene Ideenverbindungen hervorbringen, durch die der Mensch denkt und lebt. Rhetorisch fragt er: »Ist es wahrscheinlich, daß *reason* sich gegen die Natur, die Gewohnheit, die Freundschaft, die Erziehung [!], die Vorurteile behauptet?« (Gay, 1969, S. 198.) Den Streit zwischen Vernunft und Leidenschaft hält er für eine irreführende Metapher. Ihr Verhältnis ist anders. Nicht nur der empfindsame Rousseau, sondern auch der nüchterne Diderot haben es richtiggestellt. Der eine sprach von der Vernunft des Herzens, warb mit seiner enormen Beredsamkeit um Ver-

ständnis für seine Gefühle und wußte, wie gut es ist, sich vor ihrer Heftigkeit in die Arme der Vernunft zu retten.
Der andere ärgerte sich über die Ungerechtigkeit der Menschen, die doch den »passions« ebensoviel Freuden verdanken wie Leiden. In seinem »Supplément« zum Bericht von Bougainville über dessen Reise nach Tahiti konstruiert Diderot einen Dialog über den Autor, die Reise, ihren Ertrag. In ihm wird eine Rede eines alten Eingeborenen an seine Landsleute zitiert (= fingiert), die Bougainville nicht abgedruckt habe – aus gutem Grund: sie enthält eine Beschreibung der sexuellen Freiheit der Eingeborenen, deren Freude und Unschuld die Weißen im doppelten Sinn verderben –, und Punkt für Punkt werden die möglichen Einwände der christlichen Moral widerlegt. Er malt dazu ein zauberhaftes Bild eines natürlichen, von der Sinnlichkeit bestimmten Verhaltens, dem er eine unanfechtbare Vernünftigkeit unterlegt.
Nicht weniger als die Gefühle hat die Phantasie die Aufklärung beschäftigt. Der Aufklärer Lessing spielte Shakespeares ursprüngliche, wuchernde Poesie gegen die Regelgläubigkeit und moralische Enge der Corneille und Voltaire aus. Auf einem der Caprichos von Goya sieht man einen schlafenden Mann. Hinter ihm ziehen unheimliche Erscheinungen herauf – Eulen, Fledermäuse, ein Luchs. Auf dem Stein, auf dem sein Kopf ruht, steht geschrieben: IL SUEÑO DE LA RAZON PRODUCE MONSTRUOS (»Der Schlaf der Vernunft bringt Ungeheuer hervor«). Goya schrieb dazu: »Wenn der Verstand die Phantasie verläßt, gebiert sie unmögliche Monster. Vereint mit dem Verstand ist sie die Mutter aller Künste und die Quelle ihrer Wunder.«
Diese Einheit erstreckt sich auch auf das Handeln. Rousseau legte Seidenrock, Perücke und die Uhr ab, um frei zu sein. Seine Naturerlebnisse, seine religiöse Schwärmerei mögen eine persönliche Eigenheit gewesen sein (und wurden von den Zeitgenossen belacht). Aber daß einer auch leben muß, was er schreibt, war gemeinsame Überzeugung der Aufklärer. Wie haben sie sich über die Tatsache empört, daß Rousseau seine

Kinder ins Findelhaus brachte! Die Folgen einer Erkenntnis gehören zu ihr; Wörter, Beteuerungen, Meinungen allein zählen nicht. Handeln, selbständig werden, für sich einstehen, Pflichten erfüllen – in welcher Pädagogik stünde mehr über dies alles als in der des *Emile*, dem vielfältigsten und ›ganzheitlichsten‹ Erziehungsprogramm, das es gibt! Wir mögen viele der dort angepriesenen Maßnahmen falsch finden. Jean-Jacques' Erkenntnis von der gegenseitigen Abhängigkeit der Entwicklungen des Körpers, der Seele und des Geistes ist von unanfechtbarer Folgerichtigkeit, und seine Bemühung, ihr gerecht zu werden, bleibt beispielhaft.

7. Der Mensch ist sich und seinesgleichen verantwortlich – seine Freiheit ist zugleich seine Pflicht gegenüber den anderen. Der Mensch ist nicht selbstherrlich, nicht ohne jegliche Bindung, nicht ein irdischer Gott auf Zeit.

Dem Vorwurf der Hybris gegenüber waren die Aufklärer gelassener als wir heute. Er kam auch von denen, die ihrerseits weniger strenge, weniger allgemeine, weniger überprüfbare Bindungen vertraten. Die auf den Lehren Rousseaus fußenden Menschenrechte der Französischen Revolution sind so konstruiert, daß jeder Bürger ständig über sie wachen muß. »Die Freiheit besteht darin, alles tun zu können, was anderen nicht schadet. Also hat die Ausübung der natürlichen Rechte bei jedem Menschen keine anderen Grenzen als die, den anderen Mitgliedern der Gesellschaft den Genuß der gleichen Rechte zu sichern« (Erklärung der Menschenrechte). Wie dieses Experiment ausgehen würde, konnte niemand wissen – auch die nicht, die Schlimmstes befürchteten. Wie komplex ist die gesellschaftliche Freiheit, wie schwierig wird das Leben, wenn Abhängigkeit durch Rücksicht, Gehorsam durch Überzeugungsprozesse abgelöst wird! Ungehorsam gegen den Gemeinwillen ist in der neuen aufgeklärten Republik ein ungleich schlimmeres Delikt als einst der Ungehorsam gegen die Herrschaft; er muß um der Bürger selbst willen

buchstäblich gnadenlos durchgesetzt werden, und Rousseaus Verdeutlichung: »Mit anderen Worten, man wird den Bürger zwingen, frei zu sein« (*Contrat Social* 1,7; S. 51), ist mehr als gute Rhetorik: sie sagt die unverhüllte Wahrheit. Den hieran anschließenden Verdacht (oder Nachweis), daß dies eine der Wurzeln des Totalitarismus unseres Jahrhunderts sei, lasse ich beiseite. Ein autoritäres Element zugunsten der Freiheit ist nicht zu übersehen, nicht zu leugnen. Er hat es gewollt.
Ist es nicht seitdem in alle republikanischen Verfassungen eingegangen?! Für die Aufklärer stand fest, daß die Menschen nicht für den Sinn, wohl aber für den Lauf der Geschichte Verantwortung tragen, ob aufgeklärt oder nicht. Sie würden darum ihre Härte (»Man wird den Bürger *zwingen*, frei zu sein!«) im Rückblick nicht bereuen. Sie würden sich vielmehr bestätigt sehen. Weil die Menschen die Freiheit in der Weise von Kindern wollen und nicht in der Weise von Erwachsenen und weil sie mehrheitlich über ihr Geschick befinden, haben sie sich dem Großinquisitor, dem Big Brother, dem Wohlfahrtsstaat, der Gesetzesakkumulation, den Gurus überantwortet. Und diese alle werden behaupten, daß sie die Verantwortung übernehmen. Die Aufklärer wußten, daß das nicht geht – daß dies ein Betrug ist.
Die Aufklärung wollte eine »science of freedom« (Gay, 1969, S. 552) hervorbringen – eine gemeinverständliche Darlegung der Bedingungen dieses schwierigsten Anspruchs der Menschheit: der Freiheit. Diese Aufgabe ist unerfüllt geblieben.

8. Die Aufklärung ist eine Form des Humanismus – sie ist nicht der Feind jeglicher Religion.

Ich habe anfangs das Elend der Aufklärung unter anderem als ein Elend der Religion ausgelegt. Die Aufklärung ist eine Folge des Zerfalls des Glaubens und nicht der Zerfall des Glaubens eine Folge der Aufklärung. Aufklärer hat es immer gegeben, und sie haben doch dem starken Glauben nichts angehabt: man hat sie verbrannt oder heilig gesprochen. Unter den Aufklärern gab es Verächter der Religion und Deisten. Die Verächter werden die einen in ihrem Glauben bestärkt, die anderen in ihrem Glauben unsicher gemacht haben. Die Deisten konnten beides nicht. Im *Contrat Social* stellt Rousseau die Dogmen einer staatsbürgerlichen Religion vor: »Das Dasein einer mächtigen, weisen, wohltätigen, vorausschauenden und fürsorglichen Gottheit, ein künftiges Leben, die Seligkeit der Gerechten, die Bestrafung der Bösen, die Heiligkeit des Gesellschaftsvertrages und der Gesetze, das sind die positiven Dogmen. Die negativen beschränke ich auf ein einziges: das der Unduldsamkeit. Sie ist den Religionen eigen, die wir ausgeschlossen haben.« (*Contrat Social* 4,8; S. 180 f.) Ohne das letzte »Dogma« würde da heute keiner mehr hinhören. Rousseau hat seine natürliche Religion noch einmal im »Bekenntnis des savoyardischen Priesters« dargestellt. Es bleibt Literatur wie auch die inbrünstigen Beteuerungen seines Glaubens an die Unsterblichkeit der Seele, die er – obendrein in einem Brief an den von tiefer empirischer Skepsis erfüllten Voltaire – ausbrachte. Ist solche verschwommene Gefühligkeit dem Glauben nicht ungleich gefährlicher als Voltaires Resignation: »J'en reviens toujours à Candide: il faut finir par cultiver son jardin; tout le reste, excepté l'amitié, est bien peu de chose; et encore cultiver son jardin n'est pas grande chose« (Voltaire).[5] *Cultiver notre jardin* – das ist uns geblieben. Es ist nicht die Tätigkeit eines Feindes der Religion, es ist nur eine gott-verlassene Tätigkeit. Nichts wäre falscher, als Gott durch Reden und Beschwörung wieder herbeiholen zu wollen!

9. In der Idee der Aufklärung ist die Bewegung angelegt, die man Fortschritt nennt: Haben sich die Menschen einmal auf diese Idee eingelassen, treibt sich die Erkenntnis selber voran. Automatisch ist der Fortschritt damit nicht.

Vermehrung des Wissens und die Vermehrung derer, die es vermehren, schafft keine Verbesserung, bannt keine Gefahr, sie verhindert nicht, daß Menschen »alles machen, was machbar ist«, und sei es auch der Untergang dieser Erde.
Dieses Problem hat sich in der Hoch-Zeit der Aufklärung nicht gestellt. Noch war weniger Wissen da, als man brauchte, noch standen die großen sozialen und politischen Experimente bevor. Amerika belebte die Hoffnung auf die Verwirklichung der Ideen – nicht zuletzt durch die Möglichkeit schier unbegrenzter Expansion. Inzwischen hat der Überhang an Wissen über die eigene Handlungsmöglichkeit die Erkenntnisfreude des einzelnen verschüttet. Die Natur hält buchstäblich nicht mehr aus, was wir ihr mit unserem Wissen antun. Fortschritt muß – wie zur Zeit der Aufklärung die Kultur, die Künste und Wissenschaften – wieder an den Zügel der Vernunft genommen werden.
Peter Gay hat die Aufklärung des 18. Jahrhunderts als eine »recovery of nerve« gekennzeichnet; eine alternde Kultur gewann ihre Lebenszuversicht zurück. Heute ist eine neue Aufklärung von gleicher Kraft und Rigueur zu wünschen, eine neue wohlgemerkt, nicht dieselbe.

10. Die Aufklärung ist mithin eine geschichtliche Bewegung – eine Erscheinung des 18. Jahrhunderts. Was sich heute auf sie beruft, *mag dies zu Recht tun; es* ist *jene Aufklärung nicht mehr.*

Es gehört zur Geschichtlichkeit der Aufklärung, daß sie ihre Ideen für übergeschichtlich hielt. Inzwischen sind zwei Jahrhunderte vergangen. Das 19. hat uns mit Geschichtsbewußtsein, das 20. mit tiefen Störungen des Geschichtsbewußtseins heimgesucht. Wenn wir an der Idee der Aufklärung Gefallen finden, dann eben an der *Idee* (nicht an allen ihren Folgen). Sie steht zur Verfügung – man kann sie reinigen, ändern, neu zuschneiden. Wir sind ihr gegenüber frei oder sollten doch versuchen, es zu sein. – *Schämen* muß man sich dieser Tradition des abendländischen Denkens wahrlich nicht. Und *entrinnen* kann man ihr erst recht nicht. Darum sollten wir sie in ihrem ursprünglichen weiten Sinn wiederherstellen.

Wie lautet das Ergebnis der Prüfung?

Auf die S. 18 gestellte Frage, ob die Aufklärung – die so bezeichnete Denkbewegung des 18. Jahrhunderts wie die ihr nachfolgende und sich auf sie berufende geistige Tradition – einen Auftrag »Erziehung des Menschengeschlechts« erteilen konnte, antworte ich:

- Ja, die Merkmale und Grundsätze dieser Aufklärung sind von der Art, daß man daraus ein pädagogisches Programm von Menschen für die Menschheit machen kann, gar machen muß.
- Schon eine erste Musterung ergibt freilich, daß es sich um ein äußerst schwieriges, mit Verlaub für die Vereinfachung: differenzierendes und dialektisches Programm handeln muß. Es kann jedenfalls kein ungeschichtliches sein.
- Das erfrischendste Ergebnis der Musterung ist, daß die Aufklärung aufgeklärter, freier, undogmatischer war als ihre gängige Tradition. Die Grundform ihrer Sätze ist: Die Menschen sind nicht unfrei, nicht unvernünftig, nicht von Natur böse, nicht notwendig ungleich; die Welt ist nicht a limine unverständlich, nicht unveränderlich, nicht auf Gott oder Götter angewiesen. Die Aufklärung schreibt uns kein Glück vor, entwirft kein Programm des »guten Lebens«; sie hat und schafft vielmehr Hoffnung auf die Fol-

gen der Befreiung von Vorurteilen, von den Fesseln der Verhältnisse und des Unwissens. Sie ist die klassische Negation der Negation. Sie erlaubt uns, unsere Position zu setzen.

– Es ist vernünftig, der menschlichen Vernunft zu trauen – das ist der Kern der Aufklärung. Es ist auch dann vernünftig, wenn es Gott gibt. Der mag andere Pläne mit der Welt haben, als unsere Vernunft erkennen oder ersinnen kann; aber was nützt uns Gottes größere Weisheit und Güte, wenn sie uns nicht zugänglich ist. Seine Offenbarungen in der Schöpfung, durch seine Propheten und Abgesandten, im Ablauf der Geschichte verlangen nach unserer Auslegung – und die muß angesichts der großen gemeinsamen Probleme eine gemeinsame sein: eine Übereinkunft der Vernünftigen.

– Anders als die Erziehung des Menschengeschlechts, die Lessing Gott zuweist, ist das gedachte Erziehungsprogramm der Aufklärung vornehmlich am einzelnen zu vollziehen – an allen einzelnen freilich und an diesen ganz. (Lessings Gott geht ungleich pädagogischer vor: indirekt, in Stufen, mit der Geduld dessen, der Herr über die Geschichte ist. Die selbständige Erkenntnis der Wahrheit stellt sich auf dem Rücken von Vorgängen ein, die ihrerseits noch unselbständig sind. Ja, »die Wahrheit« ist am Ende die Verfassung, in die der Mensch gelangt sein wird: die der freien und vernünftigen Annahme des Einigen Gottes.)

– Es wird an dem Vergleich der beiden Aufträge der Rang des zweiten bewußt. Das pädagogische Programm der Aufklärung ist durch und durch säkular, tritt aber an die Stelle einer metaphysischen Ordnung.

– Der mit ihm verbundene ›Fortschritt‹ ist nur sinnvoll, ist nur erträglich, wenn damit das ständige Einholen der Veränderungen – mögen sie aus Kunst oder Wissenschaft, aus Technik oder Wirtschaft, aus dem Wachstum oder dem Rückgang der Bevölkerung, aus ihrem sozialen oder ihrem seelischen Befinden stammen – durch die Vernunft gemeint ist: Wir sind gehalten, unsere Welt (den von uns gemachten Teil der Welt) jederzeit zu verstehen, weil wir sonst in keinem Sinn vernünftig in ihr handeln können.

– Zu diesem Verstehen gehört vor allem das Verstehen (nicht nur Wissen) seiner jeweiligen Verstehens-Grenzen.
– Wir brauchen in der entgötterten und gemeinsamen Welt eine menschliche Verständigung nicht nur über die Ziele, Möglichkeiten und Grenzen des Handelns, sondern auch über das, was sich unserem Verstehen nicht fügt.
– Diese Verständigung muß verläßlich sein, Kritik ermöglichen, die Wertungen (die Subjektivität) nicht unterschlagen, sie aber auch nicht störend in die Vergewisserungen einlassen, die wir vornehmen; Phantasie ist Herausforderung und Prüfung der gewonnenen Gesetzmäßigkeit; Kunst ist Erkundung des Möglichen; Glauben ist das Skandalon der moralischen Trägheit, des moralischen Verzagens; Verantwortung ist die Probe auf die Stärke der Überzeugung, auf die Klarheit des Vorsatzes. Sie alle also gehören dazu!
– Alles dies ist nicht Sache einer Lehre, sondern Sache eines »langen Umgangs miteinander« (Platon, 7. Brief, 341b), mit den *ideai* und den *phainomena* – und mit den Problemen, die sich aus ihnen und zwischen ihnen ergeben. Es ist also Sache einer Pädagogik, die hier zu schildern wäre.
– Das Zutrauen der Aufklärung mußte an ihren eigenen Folgen erlahmen; es nährt sich jedenfalls nicht automatisch an dem von ihm eingeleiteten geschichtlichen Prozeß.
– »*Die* Aufklärung« hat die Bedingungen für »Aufklärung« verändert, sie realistischer und härter gemacht: Vernunft hat nun vor allem die Fähigkeit zu sein, auch den Problemen standzuhalten, die sie selber beschert. Dies ist ihre unentrinnbare Geschichtlichkeit.

Zum zweiten: Was wird der heutigen Pädagogik vorgeworfen, die sich auf Aufklärung beruft?

Bevor ich dies tue, lege ich die im Thema implizierte Anklage (vgl. S. 14) gegen die heutige Pädagogik vor. Aus der Liste der Klagepunkte wird ohne weitergehende Analyse deutlich, wie falsch oder wie ungenau oder wie ungläubig sich die heutige Pädagogik der obengenannten Grundsätze und -überzeugungen der Aufklärung oft bedient.

Wir verlassen damit die menschenfreundliche Prosa der geschichtlichen Aufklärung, deren Sprache ich mich bisher bedient habe. Ich bediene mich absichtlich der Wörter und Redeweisen, die diese Pädagogik zu ihrer Selbstbehauptung und -verwirklichung verwendet. Ich bin selber in der Lage, sie auch anders zu schildern. Das Sprachproblem ist mir bewußt: Auch ich weiß, daß uns wenig gedient wäre, wenn ich einer anklagenden Darstellung mit verkrüppelten Wörtern nur eine beschwörende mit heilen Wörtern folgen ließe und nicht, wie ich das zu tun hoffe, eine von anderen Wahrnehmungen, Vorstellungen und Absichten getragene Erziehung zur Aufklärung.

Hier geht es darum zu zeigen, daß die sich auf Aufklärung berufende heutige Pädagogik eben dafür kritisiert werden *kann*, auch von solchen, die ihre Einwände nicht aus einer vorgefaßten Position der Gegenaufklärung erheben.

Meine Liste umfaßt zehn Anklagepunkte, deren Substanz sich nicht auf je einen der oben aufgeführten Merkmale der Aufklärung bezieht. Ich habe gleichwohl wieder die Zahl 10 gewählt, um einigermaßen in den allgemeinen Proportionen zu bleiben, aber auch um zu zeigen, wie vielfältig derselbe Gedanke umgesetzt werden kann. Etwas, was sich in einer einzigen Wortfigur zusammenfassen läßt, gibt seine Wahrheit erst her, wenn ich es in die gemeinte Wirkung und den nicht gewollten Nebeneffekt auseinanderlege; was sich als zwei verschiedene Maßnahmen präsentiert, wird aufschlußreich erst, wenn ich es als den ersten und den zweiten Grad der Realisierung desselben darstelle. – Jedem Klagepunkt folgt die berechtigte Rückbeziehung auf einen Gedanken der Aufklärung (»Denn: . . .«; die Ziffer in Klammern verweist auf das in Anspruch genommene Merkmal der Aufklärung aus meiner Aufzählung); nach dieser wiederum gebe ich die behaupteten negativen Folgen an (mit einem ●).

Die Pädagogik hat aufklärerisch geirrt (so die Anklage),

1. wo sie sich zur *Pädagogik radikal vom Kinde aus* erklärt hat – »radikal«, denn selbstverständlich war auch die traditionelle Pädagogik auf das Kind eingegangen, schon um ihres Erfolges willen. Jetzt sollte dies aus Prinzip geschehen, immer und ganz, selbst wo es den Erfolg verzögerte. »Vom Kinde aus«, das heißt: nicht von den Aufgaben und Erwartungen der Gesellschaft, von deren Zukunft, von den Sachen und ihren Gesetzen aus.

   Denn: Die Kindheit ist keine bloße Vorstufe des Menschseins, die man für dessen Vervollkommnung ausnutzen müsse. Das Kind selbst ist ja der unverdorbene Mensch, und auch unsere Kultur wird nur dann gut sein, nur dann Freiheit, Vernunft, Frieden. Glück gewähren, wo sie mit der Natur des Menschen übereinstimmt. (2; 3; 6)

   ● Dies habe uns eine sachunkundige, desorientierte, zukunftsängstliche Jugend beschert.

2. wo man die *Selbstregulierung* an die Stelle der ›intentionalen‹ Erziehung und Bildung gesetzt hat.
   Denn: Die unter dem Vorwand der Unmündigkeit des Kindes betriebene Gängelung ist unnütz und schädlich: sie zerstört den natürlichen Lerneifer und richtet das Kind auf Anpassung und Unterwerfung ab. Das Kind ist zur Vernünftigkeit veranlagt; es bildet den Verstand und den Maßstab für seinen Gebrauch aus, indem es auf ihn angewiesen ist – an der Erfahrung, durch *trial and error*. Die

Erwachsenen dürfen ihm diese Erfahrung nicht durch ihre vorgreifenden Ordnungen wegnehmen. (2)

- Dies habe uns eine zugleich indisziplinierte und unselbständige und gerade in den elementaren Kulturtechniken unbeholfene Jugend beschert.

3. wo man sich dem Ideal der *Selbstverwirklichung* verschrieben hat, einer *antiautoritären Pädagogik*, einer Pädagogik der *Permissivität*: keine Befehle, keine Härten, keine festen Ordnungen.
   Denn: Das Kind, das seinen Willen entfaltet, das lernt, sich gegen unverstandene oder ungerechte Forderungen aufzulehnen, das keinen Normen und Zwängen unterworfen wird, lernt die ihm mögliche und die in unserer Demokratie unerläßliche Freiheit: die, die man sich erkämpft. Es wird nicht von dem Wunsch erfüllt, über andere zu herrschen, wie andere, die Erwachsenen, über es geherrscht haben. Unterwürfigkeit ist die Folge von unfreien Verhältnissen, die dies verlangen, und ist selbst die Ursache der Tyrannis. (1; 7)

   - Dies habe uns ungeordnete, aufsässige, neurotische junge Leute beschert – unfähig zur Eingliederung in die Gemeinschaft und zur Übernahme von Verantwortung in ihr: Leute, die keine Wahrnehmung davon haben, welchem Widerstand sie gewachsen sind, und die ihre Bewährung darum in irrationalen Unternehmungen und gegenüber eingebildeten ›Feinden‹ suchen.

4. wo man *Chancengleichheit durch Bildungsgleichheit* zu erreichen meinte und im Dienste dieses Prinzips jeglicher Form von Auslese entsagte.

   Denn: Die Unterschiede sind gesellschaftsbedingt; zu fördern sind die Benachteiligten, nicht die Starken; Stärke sorgt für sich selbst, Schwäche fordert Ausgleich. (4)

- Dies sei eine sträfliche Ungerechtigkeit an den ›Begabten‹ (wie immer man diese Eigenschaft erkläre). Die komplexe, wissenschaftlich-technische Zivilisation brauche die Hochbegabten mehr und in größerer Zahl als andere Gesellschaften.

5. wo man die alten *Leistungsmaßstäbe* verwarf und entweder – weil sie Angst erzeugen und die freie Lernentfaltung behindern – alle ihnen dienenden Instrumente: Noten, Prüfungen, Konkurrenzsituationen, abschaffte oder – weil sie subjektiv und herrschaftsträchtig sind – alle ihnen dienenden Instrumente in einem objektivierenden, abstrahierenden System zusammenfaßte, das jedenfalls persönliche Privilegierung ausschloß.

   Denn: Nur, wo sie sich frei von Herrschaft, Angst und Vorurteil entfalten kann, entsteht die gemeinsame gesellschaftliche Vernunft. (1; 4; 6)

   - Dies habe uns die schlechteste aller Mischungen beschert: von Bewährungsscheu mit Bewertungseifer, von pädagogischer Beschwichtigung mit computerisierter Bildungs- und Berufslaufbahn.

6. wo man gleichwohl *Kritikfähigkeit* und *Konfliktbereitschaft* für den wichtigsten Ausweis der Mündigkeit hält – das Mißtrauen gegenüber den staatlichen Maßnahmen pflegt, die in der Demokratie die verschleierten und anderswo die offenkundigen Klasseninteressen sind.

   Denn: Über die objektiven, nüchtern einschätzbaren Interessen soll keine idealistische Konstruktion von Gemeinwohl, Rechtsstaatlichkeit und Würde des Menschen täuschen. Aufklärung hat gerade auch die unangenehmen Wahrheiten über den Menschen und seine Gesellschaft aufzudecken. (3; 7; 9)

   - Dies habe uns staatsfeindliche, verfolgungswahnsinnige, aus ihrer Unzufriedenheit nicht zu erlösende Überzeugungstäter und deren Sympathisanten eingetragen.

7. wo alle Bildung auf allen Stufen und über alle Gegenstände *an der Wissenschaft orientiert* sein sollte.

Denn: Wissenschaft ist ein systematisches Erkenntnisverfahren, in dem gleichsam die ›Gemeinverständlichkeit‹ des Ergebnisses und seiner Begründung die Richtigkeit ausweist – eine prinzipielle Gemeinverständlichkeit unter vernünftigen Menschen. Ein solches Erkenntnisverfahren ist verläßlich lehrbar. Intuition, Glaube, Phantasie, Dichtung sind es nicht. Die in ihnen möglichen Formen der Erkenntnis können nicht zum Auftrag eines staatlichen Unterrichtsbeamten gemacht werden. Die Aufgabe der öffentlichen Schule ist nicht individuelle Erweckung oder Erbauung, nicht Beschwörung von Macht, Glück, Geheimnis, sondern die Einführung in die gemeinsamen Formen des Erkennens und die Einübung in die gemeinsamen Regeln des Handelns. (5; 6; 8; 9)

- Dies habe zur Folge, daß man die Kinder zu früh in die Wissenschaft einführe – in eine Form der Wahrnehmung und Erkenntnis, die die Bedürfnisse des Kindes nach Ganzheit, Einfühlung, Verzauberung, die vom Verstand nicht zu erreichenden Hoffnungen, Ängste, Erschütterungen nicht berücksichtige. Und dies wiederum führe dazu, daß die Wissenschaft später entweder als eine neue Magie erscheine oder zu etwas Gleichgültigem, gar Feindlichem werde. Die übergangenen Seelenbewegungen, die unentwickelte Sinnlichkeit, die nicht beantworteten metaphysischen Fragen suchten sich um so gebieterischer Ersatz – in religiösen Sekten, in gruppendynamischen Konventikeln, in schreienden Kunstübungen, bei den Drogen.

8. wo man das *materiale Wissen* vernachlässigt, um sich den *formalen Kräften* des menschlichen Geistes zu widmen.

Denn: Das Wissen kann man den Knechten des Gedächtnisses – den Büchern und Computern – anvertrauen und dort wieder holen, wenn man es braucht. Einen Konsens darüber, was zu einem gemeinsamen Bildungskanon gehört, gibt es nicht. Kriterien für die Beschränkung der Stoffpläne sind nicht auszumachen; das Auswendiglernen, sei es von Daten oder Gedichten, entspricht den Formen unserer Kultur nicht mehr. Statt dessen geht es um das ›Lernen des Lernens‹, um eine allgemeine Wissenschaftspropädeutik, die Fähigkeit, Daten zu prüfen, sie dem Zweck zuzuführen, sie neu miteinander zu kombinieren. Es geht um Urteilsfähigkeit. Schon die Große Enzyklopädie ordnete die Artikel alphabetisch als Reverenz an den findigen Geist und seine Kraft des Wählens, Verbindens, Urteilens und gerade nicht, wie man es auch gedeutet hat: als ersten erfolgreichen Schritt zur Materialisierung des Geistes.[6] (2; 5; 9)

- (Aber das habe so nicht funktioniert!) Unsere Kultur hänge nur noch durch die Massenmedien zusammen; die Menschen verständigten sich über die in ihnen vermittelten Bilder, Meinungen, Mythen; unsere Gesellschaft sei dadurch unfähig geworden, ihre Entwicklungen zu kritisieren; es fehle ein gemeinsames Arsenal an Sinnfiguren, geschichtlichen Bestätigungen und Alternativen.

9. wo man die *Wahrnehmung der eigenen Interessen* im Rahmen von Gruppenprozessen lehrt und die Prozeduren der Kooperation und Kollektivität an die Stelle einer durch christliche und bürgerliche Herkunft verdächtigen Moral setzt.

Denn: Der Mensch ist ein Wesen wie jedes andere auch. Er unterliegt biologischen, psychologischen, soziologischen, ökonomischen Gesetzen. Für den freien Willen gibt es keine Beweise, ja, in einem System von kausal erklärenden Wissenschaften ist er höchst unplausibel; für die Unsterblichkeit der Seele gibt es wenig Hoffnung und wenig Interesse; für ein Gemeinwohl gibt es nur formale

Definitionen: »das größte Glück der größtmöglichen Zahl« oder »der Ausgleich der Ansprüche« oder »das, was bleibt, wenn die Sonderinteressen voneinander abgezogen sind«. – Aber in der Kenntnis unserer Bedingtheit ist uns die Möglichkeit der Vorteilsabwägung gegeben. Wir können den Schmerz und die Entbehrung *jetzt* vorziehen, um der Sicherheit und des Glücks willen, die *dann* sein werden. Die »Wenn-dann«-Gesetze sind an Gruppen oder durch Summierung von Einzelfällen gewonnen worden und gelten folglich insbesondere für die Beziehung von und in Kollektiven. Das individuelle Interesse oder Bedürfnis gewinnt Eindeutigkeit und Durchsetzungsmacht in der Summierung. Statistisch erfaßt wird es zu einer geradezu naturwissenschaftlichen und damit berechenbaren Größe. (1; 3; 7)

- Die Zerstörung der bürgerlichen Moral, die auf der Erfüllung eines Wertes oder einer Überzeugung, auf Charakterstärke oder einer als Tugend formulierten Seelenhaltung beruht, sei damit programmiert.

10. wo man auf die *Expansion der Bildung* statt auf eine bessere und darum möglicherweise zunehmend entbehrliche Erziehung der Menschheit setzte.

Denn: Wir sind in dieser Welt immer mehr durch den Kopf zu leben genötigt; die Demokratie darf nicht durch eine Expertokratie aufgehoben werden; Bildung enthält die Chance, uns in dieser Welt philosophisch mit den ungelösten Problemen abzufinden, ja sie wird der Inhalt eines großen Teils unserer Freizeit sein, die sich sonst mit Unfreiheit füllt. Der Mensch, der vom Apfel der Erkenntnis gegessen hat und aus dem Paradies verstoßen ist, denkt seine Welt zurecht und wird nicht umhinkönnen, es immer gründlicher zu tun, je mehr die Mittel von ihm selber gemacht sind.

- Dies habe uns sehr bedenkliche Einrichtungen und Gewohnheiten beschert: totale Bildungsinstitutionen, Bildung als Berechtigung, die Horrorvision des *lifelong learning*, das ja nicht Erweiterung der Erfahrung, Zunahme an Weisheit, lustvoller Wandel der Gewohnheiten, fortschreitendes, in sich bedeutsames Philosophieren bedeutet (sonst hätte man es so genannt!), sondern Schulung, Weiterschulung, Umschulung.

Wie lautet mein Urteil?

In so gut wie allen Punkten: nicht entscheidbar ohne gründliche Überprüfung im einzelnen! So ist der Prozeß nicht zu führen. Man braucht einen konkreten Fall und konkrete Personen, die Rede und Antwort stehen – beispielsweise die Laborschule und ihren Initiator und verantwortlichen Wissenschaftlichen Leiter. Und ist dieser Prozeß gelaufen, wäre noch immer nicht das endgültige Urteil über diesen Versuch der Erziehung des Menschengeschlechts zu fällen, sondern eine neue Bewährungsmöglichkeit anzusetzen – und gleichzeitig die Gegenbilanz zu machen: Was wäre, wenn dieses Programm vor zwanzig Jahren nicht aufgekommen, nicht hier und da erfüllt worden, nicht an seinen Erfahrungen und Fehlern gewachsen wäre?
Ich meine, es ist unfruchtbar, eine Idee an ihrer unvollständigen Erfüllung zu messen. Wenn wir es mit der Aufgabe ernst meinen, »kritische Vernunft« und »Verständigung durch Verständlichkeit« zu lehren (weil wir uns auf einen gemeinsamen Glauben nicht berufen, auf die Tradition nicht mehr verlassen, in die Natur nicht mehr zurückbegeben können – und doch die Welt gemeinsam verantworten und ordnen müssen oder sie zerstören werden), dann sollten wir den Mut haben, »Aufklärung« aus der heutigen geschichtlichen Lage heraus neu zu bestimmen, die Voraussetzungen einer von ihr angeleiteten Pädagogik neu zu denken, die sich nicht einbil-

det, die »Erziehung des Menschengeschlechts« zu leisten. Neu kann dies nur sein, wenn wir uns des Alten klar vergewissern: nur so wird es uns dienlich sein und uns nicht unbemerkt überwältigen.
Zur »Befreiung aus selbstverschuldeter Unmündigkeit« gehört heute auch, daß wir uns gegenüber den Folgen der Aufklärung behaupten. Die Systeme, die der Mensch sich zu seiner Entlastung, zur Abwehr von Gefahr und Not und zur Minderung von Ungerechtigkeit erdacht hat, schwächen ihn auch: sie machen ihn als Individuum wie als Gattung von sich abhängig.
Wie also könnte die geforderte Neue Aufklärung, die wir heute brauchen, aussehen, wie müßte sie begründet werden, wie läßt sie sich lernen?
Wenn ich Bereitschaft für diese Frage erzeugt habe, will ich für heute zufrieden sein.

Anmerkungen

1 Seine 1657 erschienene Gesamtausgabe enthält die *Große Didaktik* mit dem Untertitel »Die vollständige Kunst, alle Menschen alles zu lehren«.
Herders Schrift *Auch eine Philosophie der Geschichte zur Bildung der Menschheit* (1774) liest sich wie ein Gegenprogramm hierzu – und zu Lessings *Erziehung des Menschengeschlechts* (1777). Jedes Volk ist eine Individualität, gehört sich selbst, stellt ein (gleichberechtigtes) Glied in einer Kette dar; kein früheres Volk ist also nur ein Mittel zur Erleuchtung und Förderung des nächsten. Was Gott mit seiner Schöpfung vorhat, dient nicht uns, sondern ihm, seinem »Lustanblick«, seiner »Allerfüllung«. Uns mag es als Labyrinth erscheinen. »Bildung« (der Menschheit!) bedeutet: *dies* erkennen und sich bescheiden. In seinem großen Werk *Ideen zur Philosophie der Geschichte der Menschheit* (1784) setzt Herder einen Vers aus Persius' Satiren voran: ». . . Quem te Deus esse / Iussit et humana qua parte locatus es in re / Disce . . .« (»Lerne, wer du nach Gottes Willen sein sollst und an welchen Platz in der Menschheit du gestellt bist«).

2 Zit. nach: Gay, 1969, S. 518. (»Drei Dinge regieren die Menschheit: Vernunft, Leidenschaft und Aberglaube. Die erste führt Regiment über nur wenige; die beiden letzten teilen sich das Regiment über den Rest der Menschheit und halten diese abwechselnd in ihrer Gewalt – am mächtigsten der Aberglaube, der auch das größte Unglück hervorbringt.«)

3 Der Mensch hat »une répugnance innée à voir souffrir son semblable«, »einen angeborenen Widerwillen, seinesgleichen leiden zu sehen«. Rousseau streitet hier mit Hobbes' Behauptung, der Mensch sei von Natur böse. Seine eigene Position ist, daß die Menschen im Urzustand »weder gut noch böse [méchants] zu sein vermochten«, hatten sie doch keine moralischen Beziehungen und Pflichten (*Über die Ungleichheit*, S. 165).

4 Zit. nach: Gay, 1969, S. 166; Hervorhebung: HvH (»unsere Experimente in dieser Wissenschaft zusammenfassen aus *vorsichtiger Beobachtung* des menschlichen Lebens, sie nehmen, wie sie *im gemeinen Ablauf der Welt* erscheinen – *im Verhalten der Menschen*, in der Gemeinschaft, in ihren Geschäften und in ihren Vergnügungen«).

5 (»Ich kehre immer wieder zu Candide zurück: Man muß am Ende seinen Garten pflegen; alles übrige – mit Ausnahme der Freundschaft – ist nicht der Rede wert; ja, auch die Pflege des eigenen Gartens ist eigentlich der Rede nicht wert.«)

6 Die Materialisierung des Geistes hat eine lange Geschichte von den Alexandrinern über die Scholastik bis zum Positivismus und dessen Überspitzung im Behaviorismus. Sie ist nach heftigen Rückschlägen durch kritische Theorien in eine neue Phase getreten: durch die Computer. Die Mediatisierung erzwingt und ermöglicht die Umwandlung von Erkenntnis in Wissensmengen, in meßbare Information wie nie zuvor. Dies läßt uns die Große Enzyklopädie anders ansehen als andere Generationen. (Vgl. v. Hentig, 1984.)

TEIL II

Ist Vernunft lehrbar?

(1984)

Eine veränderte Sprache

Es fängt (alles) mit der Sprache an – auch die Veränderungen. Ἐν ἀρχῇ ἦσαν οἱ λόγοι, »am Anfang waren die Wörter«. Wörter, die der Wirklichkeit vorgreifen, geben Hoffnung. Keines ist frei erfunden. Ein jedes trägt eine Andeutung dessen mit sich, was es wahrhaben will, was sich erfüllen soll. Wie die ganze Erfüllung sein wird, weiß es noch nicht. Wenn die Wirklichkeit das Wort eingeholt hat, erschrecken wir oft. Nicht nur über diese, sondern über das, was das Wort versprochen hat. Darum nehmen wir auch von den Wörtern als ersten wieder Abschied.

»Erziehung« war eine einigermaßen zutreffende Bezeichnung für einen einigermaßen unerfreulichen Vorgang; wer in neuerer Zeit die »Sozialisation« erfand, wollte unter anderem der Einsamkeit und Gewalttätigkeit entrinnen, die schon das Wort »Erziehung« enthält (und ist dabei aus dem Regen, nein, nicht in die Traufe, sondern in die Dörrstube geraten).

»Ausbildung« ist kein übles Wort; wer es durch »Qualifikation« ersetzte, vermißte daran jedoch die Ausweisbarkeit, die Idee des damit zu verbindenden Aufstiegs, die Vorstellung von der Erhöhung der nutzbaren Qualität des Ausgebildeten.

»Bildung« ist ebenfalls an sich untadelig; wer statt seiner einen emphatischen Gebrauch des Wortes »Lernen« mit all seinen Komposita – Lerngegenstand, Lernprozeß, Lernziel, Lernanlaß, Lernfortschritt, Lernstufe – vorzog, der tat es, weil das Gemeinte nur schwer faßbar oder als Standesetikett mißbraucht oder zu einem Wissensbesitz erstarrt war.

Diese und andere sprachliche Veränderungen der letzten zwanzig Jahre folgen einem gemeinsamen Gesetz: Die Wesens-Wörter wandern ab; die Funktions- und Struktur-Wörter drängen nach und besetzen das Territorium – Wörter, die zunächst einmal Ordnung versprechen, Unterscheidung, Lokalisierbarkeit, ein System. Sie legen nahe, es gehe um Quantitäten und um die Frage ihrer Organisation: Gesamtschule und Ganztagsschule, Orientierungsstufe und Sekundarstufe II, Verteilerstellen und Durchlässigkeit (beileibe nicht nur der Institutionen – da wäre das Wort angebracht –, sondern vor allem auch der Curricula und Studiengänge!), Differenzierung und Integration, Grundkurs, Aufbaukurs, Wahlkurs, Aufgabenfelder und Erfahrungsbereiche, Berufsorientierung und Wissenschaftsorientierung. »Emanzipatorisch« war eine der letzten wirklichen Eigenschaften, die ein Schulgegenstand hatte. Alles andere war durch eine Beziehung, durch eine äußerliche Zuschreibung zu einer anderen Institution oder Funktion gekennzeichnet. Aus dem, was der Lehrer einst zu tun hatte – belehren, erklären, abfragen, fordern, verbessern, loben, tadeln, strafen, prüfen, beurteilen, versetzen – und was er *an* dem Schüler oder *an* der Sache vollzog, sind in den Beschreibungen der Didaktiker und Schulforscher der sechziger und siebziger Jahre eigentümlich formale, funktionale, wertneutrale Tätigkeiten geworden, die sich in ihrer sprachlichen Abstraktheit mühelos miteinander arrangieren und in denen Sachen und Personen selten die direkten Objekte sind.
Es werden

- Situationen identifiziert, strukturiert und reflektiert,
- Abläufe programmiert, organisiert und in ihnen interveniert,
- Kommunikation initiiert, stimuliert und dokumentiert,
- Information gespeichert, kodifiziert/dekodifiziert, aufgearbeitet,
- Ziele operationalisiert, dimensioniert und gestuft (die Zei-

ten, in denen sie »hinterfragt« wurden, waren schnell vorüber; in der politischen Auseinandersetzung häuteten sich die Formulierungen gerade auch der neuen Ziele, bis sie jede Unterscheidungskraft und Anfechtbarkeit verloren hatten; schwierig durften die Begriffe sein, aber nicht tiefgründig!).

Den Gegenständen geschieht möglichst nichts Wesentliches; sie werden produziert oder konstruiert und rekonstruiert. Zu den Schülern, die der alte Sprachgebrauch noch zu »begeistern« oder »hart anzufassen« und in jedem Fall zu »formen« gebot, wird »ein Verhältnis hergestellt«; sie werden motiviert, einer Rollenerwartung ausgesetzt, getestet, eingeteilt, gefördert; sie entwickeln dabei Verhaltensmuster, in denen man sie positiv oder negativ »bestärkt«. »Die Tafelarbeit war lernzielangemessen«, heißt es in der Beurteilung der Lehrprobe eines Referendars, und dieser schreibt folgerichtig in die Beurteilung seines Schülers: »Dein Verhalten ist nicht gruppengerecht.« Achten, lieben, teilnehmen lassen, zum Lachen, Staunen, Weinen bringen, davon wissen die neueren Didaktiken nichts (und die neuesten gibt es noch nicht). Im Unterricht kommt das, gottlob, noch alles vor – bis jemandem einfällt, darüber zu diskutieren. Dann haben auch diese Tätigkeiten ihren neuzeitlichen Ersatz und ein zünftiges Ende gefunden.

Die Dinge bekommt man »in den Griff«, weil man die Kraft dazu hat, oder weil sie keinen Widerstand leisten. Die Schwester der Verfügbarkeit ist die Beliebigkeit: neben der Vorliebe für Planung und Funktion kam in den sechziger und siebziger Jahren eine für Experimente auf, genauer für das Prinzip vorläufiger Handlung. Das Neue war gut, das Alte schlecht, weil es nicht das Neue war. Neues kommt ebensooft aus der Wirklichkeit wie aus der Vorstellung. Das erstere ist insbesondere in der Kunst so. Diese dürfte eigentlich nie »experimentell« heißen, weil sie es immer zu sein hat: sie ist sie selbst, wenn sie Unbekanntes erkundet, sie kann und soll nicht wissen, wo sie hingeht. In der Pädagogik ist es umgekehrt: man weiß recht genau, was man erreichen will, aber es ist unklar, ob und wie man dahin gelangt. Und deshalb ist auch sie eigentlich immer »experimentell«. Ausdrückliche Experimente haben darum in der Pädagogik immer etwas Verkrampftes; es kann kaum herauskommen, was herauskommen soll. Und das wird auch durch die Zahl der Experimente nicht anders. Es verschwindet dabei nur ein Teil der Angst, ein Teil des Widerstands und ein Teil der Wahrnehmung dessen, was man anrichtet. Was die Pädagogik braucht, ist etwas anderes: Freiheit, das Bewußtsein, daß stets Ernstfall ist, und Ruhe zur Beobachtung der immer ungewissen und ungenauen, nie wiederkehrenden und doch lenkbaren Verhältnisse.

Das Vokabular der ›Versucher‹ war weniger phantasievoll, wuchernd, aufdringlich als das der ›Verfüger‹. »Entwickeln und erproben« heißt es an den Bielefelder Schulprojekten stereotyp. Aber daß der Wortquell von *trial and error* nicht so üppig floß wie der von *stimulus and response*, heißt nicht, daß man auch des Wenigen nicht überdrüssig werden kann, daß man nicht auch hier Bestimmtheit und Kontur und Verantwortung dem ewigen Noch-nicht, den nicht endenden Pilotphasen, den noch immer »ersten Ansätzen zu . . .« vorzieht.

Reihenfolgen machen keine Rangfolgen. »Warum hält er sich bei den Wörtern auf?« wird man fragen. Den Unterricht haben *sie* jedenfalls wenig geändert. Auch am Ende ist alles nur Sprache. Gleichwohl: die Sprache drückt den hinter der Wirklichkeit drängenden Beweggrund aus – einen Wunsch nach Machbarkeit, Planung, Entmystifizierung. Von dem, was man nicht berechnen, anordnen, nachmessen kann, wird einfach nicht mehr geredet.

Dieser Wunsch liegt jetzt im Sterben. Er wird nicht ausgerottet und nicht verraten, wie immer wieder behauptet wird. Man verspricht sich nichts mehr von seiner Erfüllung. Andere Wünsche treten an seine Stelle und wohl auch andere

Notwendigkeiten. Nun will man bestimmte Dinge wieder, auch wenn sie schwer zu fassen und gar nicht zu funktionalisieren sind. Gewissen und Gemeinwohl, Geheimnis und Erlebnis, das Schöne und das Ganze, Organisches und Gesundes, Heimat und Ursprung, Autorität und Verläßlichkeit haben einen guten Klang auch für Leute, die sonst für den Fortschritt waren, jedenfalls, wenn ihresgleichen sie im Munde führt.

Was hat sich geändert? Sollten wir uns hier mit dem ja seinerseits mystifizierenden Wort von der »Wende« begnügen? Wer hätte mehr Grund, nach Ursache und Bedeutung solchen Wandels zu fragen, als der, dessen Geschäft die Bildung ist und das heißt die Formung des Bewußtseins?

Bei der Beantwortung dieser Frage erhofft man sich zu Recht Hilfe von einem Buch, das *Bildung in der Bundesrepublik Deutschland* heißt und vom Max-Planck-Institut für Bildungsforschung in Berlin im Jahre 1980 publiziert worden ist. Dieses Werk, abkürzend oft auch *Bildungsbericht* genannt, gibt einen Überblick über die Entwicklungen des Bildungswesens von 1950 an. Es teilt diese Zeit in drei Phasen ein: die erste bis Ende der fünfziger / Anfang der sechziger Jahre – gekennzeichnet durch *re-education*, Restauration und Länderzentralismus (in diese Zeit fällt auch die wichtigste Empfehlung des Deutschen Ausschusses für das Erziehungs- und Bildungswesen, der sogenannte Rahmenplan, der in erster Linie eine Vereinheitlichung des Schulwesens mit einer weitgehenden Neugestaltung verband: auf die neue und neu gedeutete gesellschaftliche Entwicklung hin); die zweite Phase reicht bis 1973 – gekennzeichnet durch Expansion und Demokratisierung des Bildungswesens (die Bildung wurde damals – weltweit – als ein wesentlicher Motor gesellschaftlicher Entwicklungen verstanden); die dritte Phase danach ist durch »limits to growth«, durch das Nachlassen der Erwartungen an die Bildung, durch rückläufige Investitionen in sie und ein drastisches Sinken der Geburtenzahlen gekennzeichnet.

Dieses wohlbegründete und wohlbelegte einfache Muster sagt, warum welche Pläne und welche Maßnahmen in jenen Jahrzehnten getroffen worden sind. Erklärt es auch, wie es zu jener funktionalistischen Mentalität gekommen ist? Wie angemessen war diese den wirklichen Problemen, die man im Alltag eher wahrnimmt als an den Schreibtischen der Forscher und Verwalter? Was für eine Vorstellung hatten Lehrer und deren Ausbilder davon, was im Unterricht, im Klassenzimmer geschehen solle, nicht nur in den Verteilerkreisen der Gesellschaft, in den Staatshaushalten, auf dem Arbeitsmarkt, in den Gesetzesakten, die die Laufbahnen, Berufsbilder, Versorgungsansprüche regeln?
Der Bericht des Max-Planck-Instituts hat zehn Kapitel. Eines unter ihnen handelt von dem, was man im engeren Sinne unter »Bildung« versteht: von den im Unterricht vermittelten Kenntnissen, Fähigkeiten, Einstellungen und den Zielen, denen sie gemeinsam dienen. In vier Einzelanalysen – über den Englischunterricht, den Mathematikunterricht, die Literatur im Deutschunterricht und den politischen Unterricht – kommen zwei übergreifende Entwicklungstendenzen für die beiden letzten Phasen zum Ausdruck: die »Orientierung an der Wissenschaft« (genauer: an den Bezugswissenschaften) und die »Entwicklung von allgemeiner Handlungskompetenz«. Wie kommt es dazu? Wie hängen diese Tendenzen mit den durch die Phasen markierten Bewegungen zusammen? Was ist ihr voraussehbares Schicksal?
Beide, die Wissenschaftsorientierung und die Entwicklung allgemeiner Handlungskompetenz, sind von Pädagogen gefordert und von den Kultusverwaltungen in Richtlinien umgesetzt worden; beides war möglich, weil das Bildungswesen erweitert wurde und dabei seine Gliederung und sein Personal veränderte; beides war auch in Übereinstimmung mit den politischen und technisch-ökonomischen Entwicklungen, die die Expansion geboten: dem Sputnik-Schock in der westlichen Welt, dem »technological gap« zwischen den USA und Europa, dem wirtschaftlichen Wachstum, das

auf »Höher- und Hochqualifizierte« angewiesen war, und – mit alledem verbunden – der nun von allen für nötig gehaltenen »Verstärkung öffentlicher Organisationselemente« (so die ihrerseits funktionalistische Beschreibung der Forderung nach staatlicher Intervention in den Bereichen, die man großzügig »Gemeinschaftsaufgaben« zu nennen begann).

Dem politischen und wirtschaftlichen Wandel folgt der soziale auf dem Fuß. Auf »Ausschöpfung der Begabungsreserven« reimte sich »Chancengleichheit in der Bildung«, »Bürgerrecht auf Bildung« und am Ende »(kollektiver) Aufstieg durch Bildung«. Der Anspruch der Beanspruchten erwacht. Nicht zum erstenmal! »Es ist keine Frage, daß die unbedeutenden Menschen in unserer Zeit im Aussterben begriffen sind. Der Fortschritt auf den Gebieten der Wissenschaft, der Technik und vor allem der Politik hat es mit sich gebracht, daß sie von der Erdoberfläche verschwinden. Die stupende Fähigkeit unseres Zeitalters, aus nichts etwas zu machen, ist es, die eine so ungeheure Anzahl bedeutender Menschen erzeugt hat.« Das weiß Ziffel schon im Jahr 1940 (Brecht, *Flüchtlingsgespräche*, S. 1398). Es ist folgerichtig, daß die so Aufsteigenden sich weiteren Auftrieb von den beiden großen systemkritischen Theorien der Neuzeit, vom Marxismus und von der Tiefenpsychologie, holen. Bildung hat nicht nur den gemeinsamen Wohlstand zu sichern, sie sichert auch den einzelnen gegen Ausbeutung und Selbstverlust. Verhältnisse (die nicht sein müssen) und Vorstellungen (die anders sein können) üben Herrschaft aus, nicht nur Machthaber. Die damals einsetzende Ideologiekritik machte nicht vor ihren eigenen Mitteln – der Wissenschaft und der Bildung – halt, ja diese waren ihr bevorzugtes Objekt und sie selber deren Ablösung.

Im Bericht des Max-Planck-Instituts werden fast nur die bildungspolitischen Konsequenzen verfolgt. Selbst in den vier Studien zur Fachdidaktik geht es vornehmlich um die allgemeinen Vollzugsfiguren: Gegenstandsstruktur, Anwendungsbezug, Individualisierung der Bildungsgänge, Vereinheitlichung und Verrechtlichung der Zugänge, Wege und Ausgänge. In einem kurzen Kapitel über die Reform der gymnasialen Oberstufe werden die Einführung, die Verweildauer, die inhaltlichen Mindestverpflichtungen, das Wahlverhalten, die Gleichberechtigung der Fächer, die Leistungsbewertung behandelt, wo man doch auch wissen möchte, aus welchem pädagogischen Grund und zu welchem philosophischen und lebenspraktischen Zweck man dies alles treibt. Was haben wir in erster Linie vor – mit den Menschen, den Sachen, den Systemen, angesichts welcher Probleme? Müßte nicht jeder Unterricht etwas davon abbilden und beantworten? Als man am Ende der ersten Phase (in der Einteilung des *Bildungsberichts*) den Fächern auftrug, das Gesetz ihres eigenen Aufbaus zu untersuchen und »the structure of the discipline« in jedem Augenblick auch zu lehren, hatte man ein bedeutendes didaktisches Prinzip etabliert. Man hatte eine eingesessene falsche Alternative aufgegeben: Unterricht geschehe richtigerweise vom Kinde (seinen Erfahrungen, Fähigkeiten, Bedürfnissen) aus *oder* Unterricht geschehe richtigerweise von den Sachen aus, die seien, wie sie seien, und über die man den Schüler nicht täuschen dürfe. Man machte nun mit der Einsicht ernst, daß eine wissenschaftliche Disziplin eine Geschichte hat und die Aufgaben spiegelt, deren Lösung sie in dieser Geschichte gedient hat: die Formen, in denen sie besteht, sind die Formen, in denen sie entstanden und gelernt worden ist. Vor allem aber: sie lernen heißt nicht die Summe der von ihr erworbenen, in ihr gespeicherten Kenntnisse lernen oder, weil das ja längst nicht mehr geht, die Erkenntnisse einer immer schmaleren, immer praller gefüllten Teildisziplin. Alle Wissenschaft *ist* unser Erkenntnis*vermögen* hinsichtlich dieser Sache, gleichsam: die Ordnungsgesetze unseres Geistes. Die Woods Hole Conference, in der Jerome Bruner und andere amerikanische Wissenschaftler dieses Prinzip aufstellten, war zustande gekommen, weil die National Science Foundation angesichts der vermeintlichen Überrundung der USA durch die UdSSR aufgerufen hatte. Der Sputnik war in der Tat mit im Spiel. Aber sehen wir nur ihn (den politischen Anlaß) und nicht mehr die damals entdeckte erregende Möglichkeit, »jeden Gegenstand jedem Kind auf jeder Stufe seiner Entwicklung mit Erfolg und intellektueller Redlichkeit« beizubringen (Bruner, 1960, S. 33), sofern man den Gesetzen des Lernstrukturalismus folgt (also den Erkenntnissen von Piaget) und sofern die Wissenschaften ihre eigene Struktur zu ihrem Gegenstand machen, dann verfehlen wir die ganze mit der »Wissenschaftsorientierung« gemeinte Erwartung. Sie kann pädagogisch nicht gelingen, wenn wir das in ihr auch enthaltene *wissenschafts*didaktische und also wissenschafts*verändernde* Motiv vergessen. Dann bleibt nichts als ein mißbräuchliches Schlagwort, die Ausschließung aller Gegenstände und Fragen, die nicht wissenschaftliche Form und Legitimierung haben, die Öffnung der Arena für alles, was von einer Wissenschaft kommt.

In den Englischunterricht sind so die Kommunikationswissenschaft, die Linguistik mit ihren verschiedenen modernen Schulen (Strukturalismus und Transformationsgrammatik, Pragmalinguistik und Kontextualismus), Landeskunde und Literatursoziologie eingegangen – und haben damit die pädagogische Chance der »Wissenschaftsorientierung« zerstört. »Es ist denkbar, daß in der Zusammenschau von Pragmalinguistik, Sprechtätigkeitstheorie, kommunikationsorientierter allgemeiner Didaktik, Kritischer Rollentheorie, Kommunikativer Pädagogik und sozialwissenschaftlich orientierter Landeskunde die durchgehende Begründung einer ›Kommunikativen Didaktik und Methodik des Englischunterrichts‹ bzw. einer neuen ›funktionalen Methode‹ des Fremdsprachenlernens entsteht« (*Bildungsbericht*, S. 438). So schließt Gerhard Neuner die Betrachtungen über die Didaktik des Englischunterrichts – eine Fachdidaktik, die sich, wie die anderen auch, mit dem Ziel der Wissenschaftsorientierung konstituiert hat. Aus Wissenschaftsorientierung ist Verwissenschaftlichung geworden, weil man das Motiv aus den Augen verloren hat.

Ob man meine Ungeduld hierüber versteht? – und den Umweg, den ich über die Sprache eingeschlagen habe? Ich suche nach einer ganz anderen Dimension des Wandels, jedenfalls des heutigen. Auch er vollzieht sich auf einer Vorstellungs- und Wunsch-Ebene und einer Maßnahmen- und Ereignis-Ebene. Dem Wunsch können wir die richtige Sprache verleihen, den Ereignissen nicht immer die richtige Form, den richtigen Augenblick, die richtige Dauer. Ich will bewußtmachen, daß unsere wissenschaftliche Literatur, unsere Fachpublizistik, unsere Seminarrhetorik selbst ein einziges großes Sprachspiel treiben – gescheit, von großer Denkanstrengung getragen, aber der Wirklichkeit entrückt, nein schlimmer: ihr zum Schein entsprechend. Wir lösen sprachlich, was sachlich nicht gelöst und möglicherweise nicht lösbar ist. Ich unterstelle, daß wir nicht notwendig neue Einsichten brauchen, sondern eine neue Einstellung, und daß hierzu eine neue Sprache nötig ist. Sie muß eine unmittelbare Beteiligung erlauben, und sie muß zu den Problemen und Verhältnissen passen. In der Pädagogik sind diese nicht *clear-cut*, sie sind mit meinem Lieblingswort ›schmuddelig‹. Aufklärung hat etwas mit der richtigen Bezeichnung der Sache zu tun. Die Aufklärung der sechziger und siebziger Jahre hat diese in den metallenen internationalen *science*-Wörtern gesucht. Das war ihr unaufgeklärter Irrtum.

Der heutige Wandel zwingt im übrigen zu Rückblicken und eigenen Deutungen des Vergangenen. Rückblicke sind nicht Rückwendungen. Sie sind ein Mittel, sich von falschen Formeln, überlebten Problemen, unerfüllbaren Hoffnungen zu befreien. Um so ›neuer‹ kann die neue Antwort sein.

Der Gegenstand meines Vortrags stand lange fest: Brauchen wir am Ausgang des 20. Jahrhunderts eine andere Pädagogik – eine andere als in seiner Mitte? Meine Antwort auf die rhetorische Frage stand fest: Ja. Und dies nicht in erster Linie, weil sich unsere Verhältnisse so gründlich gewandelt haben,

sondern weil wir ein anderes Bewußtsein von ihnen zu haben beginnen.
Als ich diesen Gedanken, der den Ausgangspunkt meines Referats bilden sollte, gefaßt hatte, überkamen mich zwei Hemmungen: ein berufsspezifisches Schuldgefühl über die neue Zumutung, die ich zu machen im Begriff bin (ich hörte den Aufschrei »Wie oft sollen wir denn neu anfangen!« und erinnerte mich des eigenen Unmuts über die Dauer-Reformer, die der mühseligen Wirklichkeit immer in die nächste Totalveränderung entstürzen), und eine altersspezifische Ahnung, daß ich dies alles schon einmal oder gar mehrfach gesagt habe.
Ich halte mich an das Vorhaben, indem ich mir die Ungleichheit des Gleichen selber beweise und die Verschiedenheit der Sprache zum Beweismittel erhebe.

Ein gleichbleibendes Problem?

»Die Menschen stärken, die Sachen klären« – so habe ich meinen Text überschrieben und will damit den Auftrag der öffentlichen Pädagogik für unsere Zeit bestimmen.
Diese Bestimmung ist zugleich einfach und folgenreich, uralt und entschlossen, mit Gewohnheiten, traditionellen Vorstellungen und Einrichtungen zu brechen.
Die Pointe der Formulierung erkennt man am besten, wenn man sich klarmacht, was sie – indem sie es an dieser Stelle nicht erwähnt – verneint. Sie sagt nicht, das öffentliche Bildungswesen

- sei dazu da, Bedürfnisse der Gesellschaft zu befriedigen, das gewordene System zu bedienen, bestimmte Ideen oder Sachverhalte zu stärken und zu sichern;
- sei dazu da, die Menschen besser zu machen;
- sei dazu da, die Verhältnisse – Sachen oder Menschen oder Systeme – zu verändern;

- sei dazu da, auf die – ja auch für das Individuum wichtigen – beruflichen Tätigkeiten und Möglichkeiten vorzubereiten;
- sei für die Vermittlung einer vorgegebenen Sache zuständig, die wir »Kultur« nennen, wenn es um die Gemeinschaft geht, und »Bildung«, wenn der einzelne sie hat;
- sei primär ein Ort der geistigen Belehrung, beginne selbstverständlich mit den Kulturtechniken und gipfle in der Wissenschaft;
- sei eine ›Sozialisationsagentur‹, eine Einrichtung, in der junge Menschen umfassend zu Mitgliedern ihrer Gesellschaft geprägt werden;
- sei eine eigene Welt für Kinder, Ersatz für die abnehmenden Erfahrungsmöglichkeiten und Aufbewahrungsort für den Menschen, bis er im gesellschaftlichen Leben gebraucht wird;
- sei eine ›Zuteilungsstelle‹ für Sozialchancen, die Alternative zu, die Ablösung von der Privilegiengesellschaft;
- sei ein Aggregat von Arbeitsplätzen für Menschen mit einer bestimmten Ausbildung und gesetzlichen Einstellungs-, Beschäftigungs- und Versorgungsansprüchen.

Schon hieran mag deutlich werden, daß die »Einfachheit« meiner Formulierung keinen Schluß auf die Simplizität des Gemeinten zuläßt und daß der »Folgenreichtum« vor allem in der bisher ausgesparten Verbindung zwischen »die Menschen stärken« und »die Sachen klären« liegt, ja daß die Einfachheit selbst eine seiner Quellen ist: was kann alles aus dem Blick entlassen werden, wenn man nur sein Hauptziel klar vor Augen behält! Und was muß dann, wenn wir die tausenderlei Dinge, die mit der Pädagogik so gar nichts zu schaffen haben, aus der Schule verbannt haben, alles neu gedacht, neu beobachtet, neu bewertet, neu ersonnen werden!
Uralt sei mein Konzept und umstürzlerisch!? Ich will nicht zu meinen alten Griechen zurück und auch nicht zu den Aufklärern und ihrem Sonderling Rousseau (die werde ich noch

rechtzeitig zu Hilfe rufen), sondern, was oft älter als alt ist, nur zu meinen eigenen Anfängen, als ich von 1950 bis 1953 Student an der University of Chicago war. Auf dem Weg durch den alten Campus und durch die alten Gedanken lasse ich mich von Leon Kass, einem heutigen Professor an der University of Chicago, an die Hand nehmen (vgl. Kass, 1984).

Auf Torbögen, über Kaminen, auf den Diplomen dieser Universität findet sich ein Wappen mit der Aufschrift: CRESCAT SCIENTIA, VITA EXCOLATUR – »Möge die Wissenschaft gedeihen, (und dadurch) das Leben (der Menschen) bereichert werden«. Wissenschaft ist die Aufgabe der Universität, sie hat Sachen zu klären. Hat sie auch das Leben der Menschen zu bereichern – Menschen zu stärken?

Obwohl auch deutsche Universitäten zur Erfüllung profaner und angebbarer Geschäfte errichtet worden sind, hätten sie dies, jedenfalls nach Wilhelm von Humboldt, nicht in ihrem Wappen mitgeteilt. Die Universität Chicago, am Ausgang des 19. Jahrhunderts gegründet, hätte es auch nicht getan, hätte sie nicht umgekehrt ausdrücklich verkünden wollen, woran sie inmitten des amerikanischen Pragmatismus glaubte: Sie war als eine der wenigen Forschungsuniversitäten der Neuen Welt entstanden und überzeugt: der Erkenntnis um der Erkenntnis willen zu dienen, habe gute Folgen für die Menschen – für alle, nicht nur für die, die die Erkenntnis hervorbringen.

Als ich an dieser Universität studierte, war sie längst auch eine Ausbildungsuniversität mit 8000 Studenten. Aber man sagte: Selbst ohne diese könnten die 800 Professoren alle weiterbeschäftigt werden und ihre Forschung treiben. Das war nicht nur ein stolzes Bekenntnis ihrer finanziellen Unabhängigkeit, sondern vor allem ihres Ethos: Die Wissenschaft ist für die Wahrheit da. Die ärgerliche Unbrauchbarkeit des Wortes »Wahrheit« drückte exakt aus, worum es ging. Wissenschaft dient keiner Macht, keinen Interessen, keinen (noch so guten) Absichten, sie beantwortet keine Lebens-, Schicksals- und

Sinnfragen, sie enthält sich ausdrücklich jeder Bewertung. Wahrheit ist nichts als die durch bestimmte Regeln de-finierte (= begrenzte und festgelegte) Erkenntnisform, die vor einem gedachten »standard observer« besteht, das heißt von ihm nachvollzogen werden kann. Ihre ideale Erfüllung hat sie in der mathematischen Physik gefunden. Für Probleme, die sich ihrem Verfahren nicht fügen, ist sie unzuständig, die überläßt sie der Moral, der Metaphysik, der Religion, der weltlichen Erfahrung, dem Geschmack. Sie hilft der Menschheit anders und öfter indirekt als direkt.

Man konnte das hinnehmen – und hat es hingenommen – bis in unsere Zeit, bis die Frage nach der Verantwortung der Wissenschaft für ihre eigenen Folgen aufkam, weil die Folgen gewichtiger waren als die Unterlassungen. Bis dahin war der Vorteil der unabhängigen Wissenschaft für die Menschen evident. An der University of Chicago zitierte man das Diktum eines ihrer Professoren: »Before the twentieth century human life was simply impossible.« Und Ziffel war vor 44 Jahren noch ungehemmt dankbar für die Segnungen der Wissenschaft und der aus ihr hervorgegangenen Erleichterungen: »das Auto, das Flugzeug, die Chirurgie, die Elektrizität, das Radio, das Pyramidon kam, und der Mensch konnte fauler, feiger, wehleidiger, genußsüchtiger, kurz glücklicher sein« (Brecht, *Flüchtlingsgespräche*, S. 1497).

Nach Auschwitz, Hiroshima, Contergan, Seveso sind wir skeptisch. Die schlimmen Folgen wiegen nicht nur die Versäumnisse auf, sondern möglicherweise auch die Vorteile. Wir sehen die unheimliche Zunahme der Menschheit, der Verschmutzung, des Vernichtungspotentials, das unheimliche Verschwinden von Tierarten und Pflanzen, von Wirklichkeit und Seelenruhe, die unheimliche Möglichkeit und Versuchung zur Manipulation der Lebensgrenzen, der Persönlichkeit, der Menschenart überhaupt.

Und dies ist noch nicht das Schlimmste, nicht das, was uns die größte Not bereitet. Bei alledem handelt es sich um Verschärfungen von Ärgernissen und Gefahren, die es immer schon gegeben hat, und wie die Menschheit mit jenen fertig geworden ist, könnte sie auch mit den heutigen fertig werden, wenn sie ihre Erkenntnisse richtig gebraucht. Das ist jedenfalls nicht ausgeschlossen. Aber was macht sie mit den Folgen der Erkenntnis über sich selbst? Wenn Wissenschaft die Form ist, in der wir sichere, gemeinsame, von unseren Wünschen unabhängige, also unbestechliche Erkenntnis haben, was für eine Erkenntnis bleibt uns vom Menschen – und seiner Bestimmung, vom Maß seiner Taten, seiner Überzeugungen, seiner Rechte und Pflichten? Können wir dies alles jenen anderen Erkenntnisformen überlassen, die nicht gewiß, nicht gemeinsam, nicht verallgemeinerbar sind – ausgerechnet die wichtigsten Angelegenheiten dem, was die alten Griechen *doxa*, also Meinung, subjektive Einschätzung nannten?

Auch das sei nicht neu, wird man einwenden. Seit Kopernikus – seit dem Beginn der Neuzeit – hat der Mensch *von* der einen Erkenntnis und *aus* der anderen gelebt; die eine hat gewaltig zugenommen, die andere nimmt seit langem unablässig ab, aber sie hat bisher für die Erhaltung von Verantwortung und Sittlichkeit ausgereicht.

Hat sie das wirklich? War der Nationalsozialismus nur eine vorübergehende Krankheit, ein Schwächeanfall, die Folge eines vermeidbaren Unfalls? Da hatte einer dem deutschen Volk – dessen metaphysischer Anspruch hoch, dessen Anfälligkeit für den Verlust an seelischer und geistiger Führung darum groß war, und das sich durch einen verlorenen Krieg erniedrigt sah – eine weltgeschichtliche Sendung, einen säkularen Ersatz für das verlorene Heilswissen gegeben und hatte wissenschaftlich-technische Verfügungs-Erkenntnis mit politischem Ethos, mit Bestimmungs-Erkenntnis verquickt, also zwischen *scientia* und *vita* nicht mehr unterschieden! Haben wir *das* wirklich hinter uns? Von der Jungakademikerin, die einer vegetarischen Sekte beitritt und ihre Heilserwartungen wissenschaftlich »beweist«, über die Fachschaft, die verlangt, daß die Fakultät gesellschaftsrelevante Forschung treibe, bis hin zu den Professoren, die endlich wieder den

Sinn in die Geschichte, den lieben Gott in die Biologie, das absolute Erziehungsziel in die Pädagogik (gemeint ist natürlich der Frieden) einführen, lebt dieser Irrtum auch bei uns fort – und in anderer, uns leichter erkennbarer Form bei den iranischen Soldaten, die mit modernsten Waffen und ältestem Glauben ihren heiligen Krieg führen, und anderen »Fundamentalisten« des Glaubens oder der Nation oder der Rasse. Ja, der Irrtum blüht auf in einer Generation, die die Hitlerzeit nicht erlebt hat, und angesichts des Debakels der »instrumentellen Vernunft« und der Leichtfertigkeit, mit der die Politiker noch immer die Lösung der Probleme vom wissenschaftlich-technischen Fortschritt erhoffen, der sie doch verursacht hat. Unter dem Tabu, das seit den Nazis über vielen Themen lag, sind wir nur tiefer in die Schwierigkeiten hineingeraten: nun haben wir es nicht nur mit den sachlichen Folgen des falschen Rationalismus zu tun, sondern auch noch mit dem darauf reagierenden Irrationalismus, der noch Falscheres verspricht.

Meine erste Lektion, die ich schon in Chicago gelernt hatte, war: So einfach ist die Verbindung nicht zwischen *crescat scientia* und *vita excolatur*, zwischen »die Sachen klären« und »die Menschen stärken«. Wann zählt der Mensch selbst zu den Sachen, die zu klären sind? Wieviel Klärung der Sache Mensch verträgt sich mit der Stärkung desselben? Und wieviel Klärung von Sachen ohne die Möglichkeit des Handelns ist ihm bekömmlich? – Ich hatte noch einen langen Weg zu gehen.

Von 1953 bis 1963 war ich Lehrer an deutschen Gymnasien: Dienst an Menschen, nicht mehr an der Wissenschaft. Meine Schüler waren zum größeren Teil nach dem Kriege geboren; sie wuchsen in einer Demokratie auf, die uns die Sieger zum Geschenk gemacht hatten – zusammen mit wirtschaftlicher Entfaltung, der Teilung Deutschlands in eine gute und eine böse Hälfte und der »Beseitigung« der schlimmen Vergangenheit. Die Väter, Onkel und Nachbarn ließen sich nicht befragen, was sie in »jenen Jahren« getan hatten. Sie arbeiteten, stellten die bessere Welt her, die Hitler und Goebbels angesichts des Bombenkriegs versprochen hatten – ohne diese.

Ich wäre damals auf die Formulierung »Die Menschen stärken, die Sachen klären« wohl nicht verfallen. Aber ich betrieb etwas, was dem entsprach: zeigen, welche Unabhängigkeit man gewinnt, wenn man sich aussetzt; was man verliert, wenn man Gewißheit und Stärke vortäuscht, die man nicht hat; wieviel Macht man über andere ausübt, wenn man wahrhaftig ist. Die Menschen unsicher machen, beunruhigen, nicht zur Ruhe kommen lassen, war die damals gebotene Form, sie zu stärken. Es galt, sie dem bornierten Zwang zu Aufstieg, Sicherheit, Rechtfertigung, »Wir-sind-wieder-wer« zu entreißen, der bei den Jungen Skepsis und jenen gepflegten Egoismus auslöste, den Gerd Gaiser in seinem *Schlußball* so trefflich geschildert hat. Meine Überzeugung – im Jahr 1962 in einem *Bestandsaufnahme* genannten Buch veröffentlicht – war: »Mit dem Reichtum fertig werden und mit dem Zynismus« seien die größten Probleme, die uns die Nachkriegszeit aufgab (S. 124). Wenn wir sie nicht meisterten, wäre die ganze harte Lehre der NS-Katastrophe vertan. Mein Lehrmeister war Sokrates. Der zeigte zugleich, wie das Stärken der Menschen, in dem man ihnen die falschen Stützen wegriß, mit dem Klären der Sachen zusammenhing: über das Klären des Denkens. »Wer das Gute weiß, tut es auch.« Alle Beispiele, die dieser Weisheit des Sokrates widersprechen, beweisen nur, daß die Menschen nicht wissen, was »das Wissen des Guten« heißt. Das aber kann man lernen. Meine Tätigkeit als Gymnasiallehrer war so glücklich, weil sich meine pädagogischen, philosophischen und politischen Überzeugungen schlüssig in ihr zu erfüllen schienen.

Erst dem Professor für Pädagogik, der nicht mehr nur für die oberen zehn Prozent zuständig war, gingen die anderen Seiten des Auftrags der öffentlichen Pädagogik auf. Dahin, daß »Systemzwang« diejenige Eigenschaft der modernen Sachwelt war, die am dringendsten der Auf-Klärung bedurfte, wenn der Mensch »Selbstbestimmung« gewinnen sollte, und dahin, daß Selbstbestimmung wiederum derjenige Anspruch war, den die Menschen vor allem verstehen und sich aneignen mußten, war der Schritt nicht einfach. Zwar hatte meine Bildungstheorie aus dem geschichtslosen, in der Geschichte nur immer wieder verschütteten und wiederaufgedeckten Humanismus eine grundsätzlich historische Lehre gemacht – ich nannte sie »Humanismus als Methode« –, aber deren Anwendung auf die heutige Gesellschaft hatte ich mir bis dahin erspart.

Die Analyse von sechs Merkmalen der Industriegesellschaft – ihrer gesteigerten Produktivität, des zunehmenden Verbrauchs an Dienstleistungen, der Interdependenz aller Tätigkeiten, der Indirektheit und Abstraktion der Verhältnisse und schließlich der Veränderlichkeit – hat zur Aufstellung von dreizehn neuen Lernzielen für eine neue Schule geführt. Menschen, die diesen nicht genügen, sind nicht stark genug für das Leben in der prekären gemeinsamen Zivilisation und eine Gefahr für diese. Meine *scientia* war ein diskursives, kritisches, philosophisch zusammenfassendes Verfahren, das sich der fachwissenschaftlichen Erkenntnisse bedient, und *vita* war das Lebens*gefüge*, die verfaßte Menschheit, auf die wir uns seit der Französischen Revolution zubewegen. In ihr stimmten die *Freiheit* des einzelnen mit der Vernünftigkeit des Ganzen überein; *Gleichheit* drückt die Gegenseitigkeit der rechtlichen Pflichten und *Brüderlichkeit* die dadurch nicht erfaßbaren Erwartungen aus – so köstliche Dinge wie Vertrauen, Solidarität, Neidlosigkeit, Freude am Anderssein des anderen. Wohlfahrt oder gar Wohlstand, Sicherheit und Befreiung von Arbeit, Leid, Verantwortung hat man damals weislich nicht versprochen.

Selbstbestimmung in einer – für die Gründer der modernen freiheitlichen Republiken unvorstellbaren – gegenseitigen Abhängigkeit erfuhr nun eine so große Wertschätzung, weil man in den sechziger Jahren wahrzunehmen lernte, wie sehr sie gefährdet war. Menschen selbstbestimmt machen in-

mitten einer nicht aufhebbaren »Interdependenz« und rapide fortschreitender Entfremdung, fernab von der erträumten arkadischen Autarkie und Autonomie, die dem dürftigen »Selbst-« noch heute seine Zauberkraft geben, das war die zeitgemäße Hilfe, die Stärkung der Menschen.
Andere Pädagogen meinten radikaler sein zu müssen. Die Unvorsichtigen unter ihnen stifteten die Schule zur Revolution an; die Klügeren verordneten Lehrern und Schülern ein strategisches Lernen. »Arbeit an der Veränderung der repressiven Bedingungen freier Entfaltung aller menschlichen Fähigkeiten, das heißt antikapitalistisches Handeln, [. . .] [das] [. . .] Schritt für Schritt Machtpositionen zu erobern versucht«, so formulierte Hans-G. Rolff (1974, S. 13) sein Programm ausdrücklich gegen die beschwichtigenden idealistischen Konzepte von Gerold Ummo Becker und Hartmut von Hentig und gegen das »interaktionistische«, ebenfalls mißbräuchliche von Lothar Krappmann. Der Gegensatz ist mir wichtig, weil man daran sehen kann, was in der schwachen Syntax der Formel »Systemzwang und Selbstbestimmung« gewiß nicht zu suchen ist: eine Hoffnung auf eine unmittelbare Machtverschiebung, auf unmittelbare Veränderungen des Systems. Ich habe immer mehr auf die Stärkung der einzelnen gesetzt, die freilich lernen sollten, wie man sich zusammenschließt, ohne sein Selbst zu verlieren. Sie sollten in der Lage sein, zu verstehen, was ein System ausmacht, die zwanghaften Wirkungen eines solchen zu erkennen und diese aufzuheben oder zu umgehen – wenn irgend möglich, mit den Mitteln des Systems. Dies war die engste Verbindung, die sich zwischen beiden Teilen des pädagogischen Doppelauftrags herstellen ließ.
Die Kritik hagelte von beiden Seiten: Dies sei ein systemfrommes Programm, und dies gebe – insbesondere in den Lernzielen – die gemeinsame Tradition preis. Beide Vorwürfe hatten recht – das wußte ich schon damals, und das Vorwort zur zweiten Auflage (1969) läßt es durchblicken. Heute stört mich der erste Vorwurf nicht mehr. Ja, die Überzeugung

nimmt zu, daß die Stärkung des Menschen gegen die Apparate entschiedener innerhalb der alten Strukturen geleistet werden kann, daß die Veränderung der Institutionen und Verhältnisse einen großen Teil der Kraft wieder verschluckt, zu der man ihn gerade hat befreien wollen. Dies gilt vor allem für die abhängige Institution Schule: sie kommt – wie immer man sie verändert – nicht *gegen* die Wirklichkeit an, das erfahren wir täglich. Sie kann vor der Wirklichkeit abschirmen, und das bekommt ihr und den Schülern nicht gut. Ich glaube freilich auch nicht, daß man die Wirklichkeit später ändern wird, wenn man dies nicht *will*. Der Wille aber entsteht an Vorstellungen, die man in der Schule sehr wohl entwickeln kann. Die Stärkung des Menschen, die jetzt gebraucht wird, geschieht in der Idee angesichts widriger Verhältnisse, nicht in der Wirklichkeit, getragen von den Verhältnissen. Und »Rettung« gibt es überhaupt nicht – sie ist das falsche Bild, wenn sie meint: aus der Wüste werde Garten, die Sintflut verebbe, und Eden komme wieder zum Vorschein. Die Menschheit muß froh sein, wenn sie an den Katastrophen vorbeikommt, wenn sie die Vergiftung eindämmen, die Ausplünderung der Erde drosseln, die Kriege klein halten, ein zweites 1933 früher erkennen und sich tapferer dagegen zur Wehr setzen kann. Paradiese von Bauern, Arbeitern, Gelehrten, Kindern, Frauen, lohnabhängigen Mehrheiten, vereinigten Minderheiten usw. kann es nicht geben, sondern immer nur einigermaßen erträgliche Zustände. Wenn wir das erreichen, haben wir viel erreicht.

Die Kautel: ». . . die jetzt gebraucht wird« (s. o.) mache ich erst heute, und das heißt sowohl: im Jahre 1984, als auch: nach zehn Jahren Bielefelder Schulprojekte. Kurz nach *Systemzwang und Selbstbestimmung* erhielt ich den Schillerpreis der Stadt Mannheim. In der Rede, die ich bei der Entgegennahme jener Auszeichnung gehalten habe, begann diese Zuspitzung meiner Pädagogik: meine Analyse der »Verhältnisse« verlor ihre humanistische Einfalt. Je mehr ich mich mit dem beschäftigte, was ich »Systemzwänge« genannt hatte, umso weniger war ich gewiß, daß sie wirklich von den Sachzwängen zu unterscheiden seien, wie mein erster Entwurf voraussetzte. Die Sachverhältnisse jedenfalls, die der Mensch nicht gemacht und in sein Verhältnis einbezogen hat, sind lächerlich gering und unbedeutend. Wenn nun Demokratie, einer Minimaldefinition zufolge, die Zustimmung der Beherrschten zur Herrschaft und zu den Herrschaftsakten ist, und wenn Zustimmung sinnvollerweise nur heißen kann: bei voller Aufklärung über die Voraussetzungen, dann muß sie heute in erster Linie in der Zustimmung zu Sachverhältnissen bestehen: zu den Rechts-, Währungs-, Verkehrs-, Bildungs-, Nachrichten-, Erkenntnissystemen – oder in deren Ablehnung. Sie kann sich jedenfalls nicht mehr auf die Kontrolle der gesetzgebenden und ausführenden Organe beschränken, die selbst immer nur winzige Teilkorrekturen vornehmen, nur die ›Homöostase‹ des Ganzen betreiben können. Zustimmung und ihr Korrelat Ablehnung sind fundamentaler Art und werden über lange, mühsame, indirekte Vorstellungsprozesse gewonnen, die wir Bildung nennen. Ich sage »Bildung« und nicht »Wissenschaft«. »Die Wissenschaft, die uns über die Sachlichkeit – die versachlichte Seite unserer Beziehungen – aufklären sollte, hat sich selber der Arbeitsteilung gefügt, ist selbst Teil des Systems und kann dieses darum kaum noch erkennen, geschweige denn kritisieren« (v. Hentig, 1975, S. 10), und: »Wir geben unsere Zustimmung einem Zustand ohne Zustimmung« (ebd., S. 11).

Ich habe damals gefolgert: Es sei wichtiger, sich der Aufklärung des Bewußtseins zu widmen als der Schaffung von neuen Institutionen. Solche Aufklärung geschieht auch an der Wissenschaft und mit ihrer Hilfe, aber die Wissenschaft selbst ist nicht diese Aufklärung. Zu ihr gehört ein Selbstvertrauen des Menschen, ein Zutrauen zur gemeinsamen Vernunft, die die Wissenschaft nicht geben kann. Diese ist ein respektloses, gegen unsere Wertungen, Empfindungen, Gewohnheiten unbekümmertes und absichtsvoll unpersönliches Verfahren.

Wer weiß, daß die Menschen für ihre Verhältnisse verantwortlich sind, wird sich von diesem Instrument nicht Führung, wohl aber unbestechliche Kritik und Öffnung neuer Möglichkeiten erwarten.
Die Wahrnehmung, in welchem Maß die vereinzelte Sachkenntnis und die ebenso vereinzelten Sachkundigen an der Entmündigung des Menschen mitwirken, hat mich damals zu einem moralischen Partisanenkämpfer gemacht – gegen das der wahren Sache unangemessene Stückwissen und für einen geduldigen, dauerhaften Überzeugungsprozeß, der die Teilerkenntnisse zusammenbringt und die uns mögliche Vernunft daraus macht. Die Bielefelder Schulprojekte wurden gegründet in dem Bewußtsein: Alle, die sich dahin melden, werden diese Überzeugung teilen und die Sätze gelesen haben, in denen ich sie formuliert habe.

> »Ob es gelingt [ein zweites 1933 zu vermeiden], entscheidet sich nicht an der Frage, ob der Mensch von Natur gut oder böse sei, ob er frei und vernünftig gemacht werden könne oder nur frei*er* und vernünftig*er*. Es entscheidet sich an der Frage, ob der Mensch aushält, allein zu sein, seine Überzeugung auch dann zu vertreten, wenn sie gegen die der anderen steht, oder ob er vor der Alternative zwischen Wahrheit oder Gemeinschaft die letztere wählt. Die Demokratie, das zeigt Rousseaus scharfsinnige Analyse, funktioniert nur, wenn jeder *seine* Meinung sagt; man darf sie nicht in Vorabsprachen der größeren Durchsetzungskraft opfern; das ›Gemeinwohl‹ wird man nie positiv wissen, sondern immer nur negativ, indem man die einander entgegengesetzten Ansprüche suspendiert und solange verhandelt, bis man sich über sie geeinigt hat oder sie ganz aufgibt. Unsere Demokratie tut praktisch das Gegenteil: sie honoriert die *vor* den Überzeugungsprozessen liegenden Abreden – im Parteienstaat, in der Gruppenuniversität, in der Festlegung der Tarifpartner, im Proporz der Aufsichtsgremien öffentlicher und halböffentlicher Ein-

richtungen – und läßt die so entstehenden Mehrheiten entscheiden [. . .].
Dies mag einerseits ›praktikabel‹ sein und andererseits jener Angst der Menschen vor der Einsamkeit Rechnung tragen. Aber eben daß man von der Unverrückbarkeit dieser Argumente ausgeht, mindert ihre Wahrheit. Die These, die ich vertrete, lautet: Wer den Sachgründen gegen Zustimmung und Mitbestimmung einfach stattgibt (›es funktioniert sonst nicht‹; ›es ist jetzt schon alles viel zu kompliziert‹; ›das kann ja keiner bezahlen‹ etc.) und wer den psychologischen Gründen einfach stattgibt (›die Menschen wollen doch gar keine Verantwortung‹; ›es gehört zu ihrem Glück, daß sie sich über ihre Unfreiheit beklagen können‹; ›alle diese Forderungen kommen nur aus dem Neid‹ etc.) mag recht haben, aber er entmündigt uns allesamt gegenüber dem ›System‹ – auch sich selbst. Es mag ein gutes oder einstweilen das bestmögliche ›System‹ sein, aber es ist keines mehr, über das wir verfügen; es könnte eines Tages untauglich werden – wie es heute den Anschein hat. Was tun wir dann?« (v. Hentig, 1975, S. 14 f.)

Daß das Buch vergriffen ist, in dem dies steht, rechtfertigt, daß ich einen so unanständig langen Passus daraus zitiere. Er ist zugleich die Basis, von der aus ich die neue Version der alten Zweiteilung angehen und begründen will: Aus Selbstbestimmung und Demokratie ist heute »die Menschen stärken«, aus der Unterscheidung von Systemzwang und Sachzwang ist »die Sachen klären« geworden.
Wieso ist diese Vereinfachung besser, hilfreicher, überzeugender als das, was wir bisher gesagt haben?

Skepsis und Zuversicht

Die Einfachheit ist ein Kunstgriff, sich der entmutigenden Fülle und überfordernden Verflochtenheit der Probleme wenigstens bei ihrer Ordnung zu entledigen. In diesem Stadium faßt man eine Einstellung zu seiner Aufgabe. Die Einstellung kann unsicher, gleichgültig, vorsichtig, zuversichtlich, tatenfroh, neugierig sein oder werden.
Ich bin entschlossen, in diesem Stadium erstens meine Erfahrung zuzulassen und zweitens mir Handlungsmöglichkeiten zu eröffnen, die vor dem kritischen Bewußtsein standhalten, mir die Verstellung vor anderen und das Elend des Selbstbetrugs ersparen. Daß die Erfahrung skeptisch stimmt und daß Handeln Zuversicht fordert, ist nicht die entscheidende Schwierigkeit. Die Spannung der beiden Bedingungen konstituiert die Aufgabe. Zuversicht übergeht die Skepsis nicht, ja, nur wer weiß, daß die Argumente »skeptisch« geprüft worden sind, besteht die Zweifel. Umgekehrt richtet sich Skepsis nicht gegen Zuversicht, sondern gleichermaßen gegen den Optimismus rationaler Weltbewältigung wie gegen den Pessimismus der Irrationalisten, also derer, die das Geschehen höheren Mächten oder dem Zufall überlassen. Skepsis heißt zunächst verstehen, warum man etwas nicht kann. Wenn die antike skeptische Philosophie aus der Tatsache, daß die Gründe für oder gegen eine Behauptung sich die Waage halten (*isosthenia*), folgerte, man müsse sich jedes Urteils enthalten, dann war das selber eine unvorsichtige, un-skeptische Reaktion – eine Folge der Beispiele, an denen sie ihre These prüfte, und ein Zeugnis der Lust der Griechen an Extremen. Für die Fragen der praktischen Lebensführung, denen sie mit »Gleichgültigkeit« (*adiaphoria*) und »Unerschütterlichkeit« (*ataraxia*) begegneten, stimmt die Voraussetzung nicht. Wenn es nichts ausmacht, ob man seine Arbeit gut verrichtet, die Wahrheit sagt, seine Kinder erzieht, Macht ausübt oder nicht, ist es auch gleichgültig, ob man gleichgültig ist – außer für die Ruhe der eigenen Seele, und was das ist, darüber läßt

sich vollends nicht allgemein urteilen. Skepsis also war und blieb eine Einstellung, die man sich wählte.
Das ist sie auch heute noch – außer für die, die sich der Aufklärung verschrieben haben: die heutige Aufklärung kann nicht anders als skeptisch sein. Ihre Skepsis kommt vom entgegengesetzten Ende her. Die Alten sagten: Wir brauchen ein zweifelloses Wissen, um richtig zu leben, und das kann es nicht geben; das *Wissen* ist ein Wahn. Die heutigen Aufklärer müssen sagen: Wir haben soviel zweifelloses Wissen, und das Leben wird nicht richtiger; das Wissen ist ein *Wahn*.
Heutige Aufklärung muß ebenso skeptisch gegen alle Versuche sein, sich aus der Konsequenz der wissenschaftlichen Erkenntnis herauszustehlen. *Adiaphoria* und *ataraxia* sind nicht einmal mehr noble und schon gar nicht nützliche Antworten. *Dieses* Stück Vor-Urteil für die Vernunft angesichts ihrer Unvollkommenheit macht die heutige Aufklärung aus.
Die Verschärfung der Lage und die Schärfung unseres Bewußtseins zu systematischer Skepsis will ich an drei Beispielen demonstrieren.

(1) *Wo »Wissen« nicht mehr hilft und verfaßte Herrschaft endet.* Im April dieses Jahres kam aus Melbourne (Australien) die Meldung von der Geburt eines gesunden Mädchens – eines sogenannten Retortenbabys, von denen es nun schon etliche gibt. Dieses war freilich nicht nur in der Retorte gezeugt, sondern in seiner ersten Entwicklungsphase – nach der Vereinigung von Eizelle und Sperma – in flüssigem Stickstoff tiefgefroren aufbewahrt und in einem geeigneten oder gewünschten Augenblick in die Gebärmutter eingesetzt worden. – Die Welt staunte über ein weiteres medizinisches Wunder und ging zur Tagesordnung über. Im Juni folgte eine Nachricht, die jedem Laien die Augen für die abgründigen philosophischen, moralischen, rechtlichen Probleme öffnen konnte, die eine solche Technik uns beschert. Ein Ehepaar, das vor drei Jahren eine Retortenbefruchtung hatte vorneh-

men und mehrere befruchtete Eizellen hatte ›auf Eis legen‹ lassen, nachdem die zehnjährige Tochter bei einem Unfall gestorben war, kam selber bei einem Flugzeugabsturz ums Leben – noch bevor ein Embryo erfolgreich implantiert werden konnte. Was mit den hinterlassenen Embryos zu geschehen habe – oder geschehen dürfe –, war die erste, seltsam unvorhergesehene Frage. Waren sie gleichsam die ›Waisen‹ und hatten, wenn ausgetragen, Ansprüche auf das Erbe? Wenn es drei oder zehn oder fünfzig Embryos waren, sollten alle ausgetragen werden – falls sich ›Mütter‹ dazu fanden –, und wenn nicht alle, wie viele und welche durfte man nach welchem Recht oder Prinzip ›beseitigen‹? Wie unterscheidet sich eine solche Beseitigung von dem, was die katholische Kirche noch allemal bewußte Tötung, also »Mord« nennt, wenn es nicht zur unmittelbaren Rettung der Mutter geschieht? Welche Ansprüche hat die Ersatzmutter – nicht nur juristisch, sondern als fühlende Person, die die Frucht in ihrem Leibe genährt und das Kind unter Schmerzen geboren hat? Wie steht es mit der Verantwortung für die Embryonen, die das Einfrieren nicht überleben? Gibt es so etwas wie Wegwerf-, Überschuß-, Vorrats-Embryos? (Die des australischen Ehepaars waren *nach* dem Tode einer Tochter ge- bzw. erzeugt; aber man kann das ja auch *vorher* tun!) Wie viele Ersatz-Embryos werden jedem Elternpaar zugestanden? Wie lange muß, wie lange darf man sie aufheben, fremdes, sich selbst gehörendes Leben aufhalten, in Leblosigkeit gefangensetzen? – Und das ist noch nicht alles. Es gibt Fragen zu den Fragen: Wer soll sie beantworten? Welche Befugnis und welche Zuständigkeit hat er?[1] Was macht die Antworten richtig, gültig, für alle annehmbar? Mit welchem Recht – nicht nur mit welcher legitimierten Macht – werden Verstöße gegen die neuen Ordnungen geahndet? Ich bin überzeugt, die Juristen werden für die von mir laienhaft ausgedachten Fragen gesetzliche Antworten finden, die mit unseren anderen Einrichtungen, Gesetzen, Gewohnheiten vereinbar sind. Aber ihre Lösungen werden nichts als nützliche Konventionen sein. Sie werden das Gewicht derjenigen Regelungen um ein Beträchtliches vermehren, die sich gegenseitig fordern und stützen und unser Menschsein an den Maßstab dessen ketten, was sich das System als System leisten kann – gegenüber der abnehmenden Zahl von festen, gemeinsamen, unbezweifelten Orientierungen an dem, was wir sind, weil wir schon immer so waren, oder an dem, was wir glauben, weil wir es schon immer geglaubt haben.

Dies alles geschieht nicht, weil die Menschen sich willkürlich für die Willkür entschieden haben, sondern weil unsere Erkenntnisse und Verhältnisse an einen Punkt geraten sind, an dem die »natürlichen« Grenzen sich auflösen. Sollten wir – aus irgendwelchen Gründen, praktischen oder grundsätzlichen – exakt angeben, wann das neue Leben beginnt, so würden wir schwerlich einen anderen Moment ausmachen können als den, in dem sich Sperma und Eizelle vereinigen. Getrennt gehen beide zugrunde. Vereint leben sie unter bestimmten Bedingungen als Embryo – ›Drinnenlebendes‹ – weiter, und dieses kommt eines nur ungefähr festliegenden (und darum seinerseits beeinflußbaren) Tages zur Welt. Wie winzig auch immer – es hat vom ersten Augenblick an die Rechte eines Menschen. Könige haben vor diesem »Ungeborenen« gezittert, verlassene Frauen haben dagegen gewütet oder darum gebangt. Sie waren verantwortlich, aber sie teilten die Verantwortung mit Gott oder der Natur oder dem Schicksal. Heute fällt diese ganz und gar uns zu. Der Mensch, der nicht nur mit Zeugungstechniken, sondern mit Eingriffen in die Erbanlagen oder durch die Verzögerung des Todes zum Menschen-Macher geworden ist, muß hiermit leben – entweder indem er sich bestimmte Möglichkeiten versagt oder indem er die Folgen erträgt. Ob dies oder ob das geschieht, darüber kann nur die Vernunft entscheiden: Menschen, die die Kraft haben, das Menschsein gemeinsam zu definieren, und die die Sachverhalte verstehen.

(2) *Verstand versus Vernunft.* Vor zwanzig Jahren konnten wir den *Atomschlag auf St. Louis* lesen, seit vier Jahren Jonathan Schells *Schicksal der Erde*, im vergangenen Jahr das melodramatische, nichtsdestoweniger aufklärende Grusical *Der Tag danach* im Kino sehen, am 7. August dieses Jahres den japanischen Fernsehfilm über die mittelfristigen Folgen eines Atomkriegs, der den literarischen Titel *Die Tage nach dem Tage danach* trug und die Jahre danach einschloß. Und während dieser ganzen Zeit haben beunruhigte Menschen denen, die es noch nicht waren, mit Szenarios und Dokumenten über den Holocaust von Hiroshima und den möglichen in unserer Welt zugesetzt. Es gibt in Deutschland niemanden mehr, der nicht eine ungefähre Vorstellung davon hat, was nukleare Waffen anrichten, wenn sie eingesetzt werden. Die in japanischen Studios unter Zuhilfenahme von Expertisen und Zeugnissen aus der Sowjetunion wie aus den USA wie aus Schweden hergestellten realistischen und zugleich unwirklichen Feuerexplosionen (es wird kein Auge geben, das sie sieht!), das experimentell vollzogene, über Jahrzehnte langsam fortschreitende Sterben der Vegetation an den Nachwirkungen der radioaktiven Strahlen, die Veranschaulichung des nuklearen Winters, der schon dann die ganze Erde innerhalb weniger Wochen in eine Eiswüste verwandelt, wenn nur ein halbes Prozent der gelagerten Nuklearwaffen explodiert, waren die letzten Zutaten zu dem bekannten Grauen.[2]
Der Aufstand der Bürger hiergegen findet nicht statt. Sie bringen Schulgesetze, Volkszählungen, Amnestien für Spendensünder zu Fall, sie hadern mit ihrer Regierung um jeden Groschen, den diese ihnen mehr abverlangt, und untereinander um jede Stunde, die sie in der Woche mehr oder weniger arbeiten – und sie setzen sich durch. Die Zerstörung der Erde dagegen darf weiter vorbereitet werden, während das Fernsehen die Menschenketten, die *die-ins*, die Aufmärsche im Hofgarten und andere interessante Veranstaltungen darbietet. Daß die atomaren Waffen nicht eingesetzt werden sollen, daß sie vielmehr hergestellt, aufgestellt, ja ausgestellt werden, um

dies zu verhindern, ist die stereotype, der allgemeinen Erfahrung wie der professionellen Analyse spottende Rechtfertigung, die wir von den Regierungen dazu hören. Die, die so sprechen, müssen absolut überzeugt sein, daß dies absolut stimmt. Sonst beteiligen sie sich an dem schlimmsten denkbaren Verbrechen. Aber sie sind nicht absolut überzeugt. Sie rechnen vielmehr damit, daß die Massenvernichtungsmittel, die anrichten, was uns der japanische Film zeigt, und die also unter keinen Umständen angewendet werden dürfen, doch angewendet werden. Der gleiche japanische Film führte uns in das Innere eines Bunkers in der Nähe von Freiburg, in dem – 400 Meter unter der Erde – die gesamte deutsche Kultur auf 33 Millionen Mikrofilmen in Stahlkartuschen für die Zeit nach dem Atomschlag aufbewahrt wird. Für wen? Für welchen Zweck? – die Baupläne des Kölner Doms und des Berliner Congress Center, Robert Schumanns »Träumerei« und Niklas Luhmanns Theorien zur Reduktion von Komplexität!

»Das hältste ja im Kopp nich aus!« sagt der Berliner. Hier ist die raffinierte strategische Konstruktion des menschlichen Verstandes in Verbindung mit den angehäuften geheimen, also keiner öffentlichen Kontrolle unterworfenen Mitteln über die menschliche Vernunft hinausgewachsen. Der Verstand ist hier nicht die unvollkommene, noch nicht in den Dienst der gesellschaftlichen Vernunft genommene Rationalität – er ist der eigentliche Verhinderer dieser Vernunft.

Hier werden also auch Überzeugungsprozesse allein nichts nützen. Sie werden nur wirksam sein, wenn die Menschen stark genug sind – ich muß es deutlicher sagen: wenn sie seelisch stark genug sind – für ihre Überzeugung bis zum Äußersten zu gehen, bis zur Weigerung aller, die die Sache verstanden haben, an dieser Dummheit mitzuwirken. Ich wähle diese negative Form, weil zugleich immer die in Jahrhunderten mühsam entwickelte *res publica* auf dem Spiel steht. Ihre Ordnungen müssen erhalten bleiben; Bürgerkrieg zerstört die Mittel, die für die dauerhafte Lösung dieser Fragen die wichtigsten sind: das Recht und das Vertrauen in den *contrat social.*

Ich bin sicher, daß die Vorbereitung von Kriegen mit ABC-Waffen schon gegen geltendes Recht verstößt; wir brauchen nicht einmal den Artikel 9 der japanischen Verfassung, der schlicht lautet: »Das Recht des Staates auf Kriegführung wird nicht anerkannt«, so schön und so konsequent diese Bestimmung in der Welt nach Hiroshima und Nagasaki ist. Ich bin auch sicher, daß die Menschen fähig sind, die notwendigen Schritte zu tun: Verhandlungen, Einfrieren der atomaren Bewaffnung auf ihrem momentanen Stand, atomare Abrüstung, Ächtung der Atomwaffen – wenn sie sich darauf konzentrieren und nicht gleich noch den ewigen Frieden, die Befreiung aller Menschen überall, die Herstellung von universellem Wohlstand, universeller Gerechtigkeit, universeller Gleichbehandlung durchsetzen wollen.

Daß die Menschheit den nuklearen Krieg nicht will, daß sie ihn unmöglich wollen kann und gleichwohl den Regierungen erlaubt, immer absurdere Erfindungen in der atomaren Rüstung zu fördern, immer gigantischere Ausgaben für sie zu machen und unbeirrt öffentlich mit diesen Waffen zu drohen, ist selbst schon der Wahnsinn, den wir fürchten müssen – nicht erst der, den dieser auslöst. Und dieser Wahnsinn hat nicht nur Systemzwänge als Ursache.

(3) *Vernunft versus Natur.* Es gibt Probleme, die wir ›wissen‹, und Probleme, die wir fühlen oder erleben. Die Zunahme der Weltbevölkerung um jährlich 75 bis 80 Millionen, also um soviel wie die Zahl aller in den beiden Deutschland lebenden Menschen zusammengenommen, mit der Folge, daß es im Jahre 2000, wenn die heutigen Kleinkinder erwachsen sind, 6 Milliarden Menschen geben wird, dreimal soviel, wie es gab, als ich selber ein Kleinkind war – dies ist für uns ein ›gewußtes‹ Problem. Wir wissen, die Erde wird diese allzuvielen Menschen nicht mehr ernähren können – nicht ohne drastische Veränderungen unseres *way of life* und der bisherigen

Verteilung der Mittel, die uns einstweilen jene Erfahrung vom Leibe hält.

Politiker und Sachverständige suchen seit Jahrzehnten Lösungen dafür. Diejenigen, die wirksam sein könnten, lassen sich nicht durchsetzen; diejenigen, die sich durchsetzen lassen, sind nicht wirksam genug. »Durchsetzen« heißt vor allem immer auch: Eingriff in die gewohnte Lebensordnung, Einschränkung der Verfügung des einzelnen über ein ›natürliches‹ Recht, Sanktionen gegen die Staaten, die die ihnen gesetzten Geburtenquoten überschreiten. Auf der Weltbevölkerungskonferenz in Mexico City gab es darum eine unheilige, vielleicht sogar scheinheilige Allianz zwischen den USA, deren gegenwärtige Regierung als Vorkämpfer des *free-enterprise*-Prinzips auftritt, dem Heiligen Stuhl, der göttliches Gebot geltend macht, und einigen ›Schwellenländern‹, die die Kontingentierung der Geburten ablehnen, nicht mit dem illusionären Argument, daß »für arme Menschen [. . .] Kinder nun einmal der einzige ›Reichtum‹« seien (Natorp, 1984), sondern weil sie ihre Souveränität wahren wollen oder mit dem Bevölkerungsdruck allein territoriale Ansprüche aufrechterhalten können oder mit ihren Kontrollmaßnahmen gar nicht durchdringen würden: was gehen ihre Bürger die Probleme in anderen Teilen der Welt an! Der amerikanische Delegierte James L. Buckley verkündete die Einstellung aller Zahlungen an Organisationen und Regierungen, die Abtreibung und erzwungene Geburtenkontrolle fördern (das Musterbeispiel für das letztere ist immer China) und unterbreitete ein neues Lösungskonzept. Dieses stützt sich auf die Tatsache, daß die Geburtenrate von alleine nachläßt, sobald ein gewisser Wohlstand erreicht ist. Also müsse man den Wohlstand fördern, eine freiwillige Familienplanung werde die Folge sein.

Die Mehrheit der 3000 Delegierten hat mit Zorn auf diese *policy* reagiert, nicht, weil man für Zwangsmaßnahmen ist, sondern weil die USA damit die bisherige gemeinsame Überzeugung verlassen: Damit die vielen Kinder den kleinen öko-

nomischen Fortschritt ihres Landes nicht gleich wieder verzehren und die Menschen der völligen Resignation ausliefern, sollten die Regierungen geeignete Programme einsetzen, die die Geburtenrate zu vermindern versprechen. Statt dessen sollen sie nun auf ein abstraktes Gesetz vertrauen, auf Entwicklungen, die das voraussetzen, was man mit den Maßnahmen erreichen will. Die Regierung der USA »verwirft die Vorstellung, daß die Welt in einer Bevölkerungskrise [stecke]« (Buckley, zit. nach: *Herald Tribune. European Edition* vom 10. August 1984), und verweist auf Südkorea und Hongkong, ihre Paradebeispiele für Prosperität bei großer Menschenzahl und geringen Ressourcen.
Wir leben nicht im Sudan oder in Abessinien. Dort ist die Verwerfung eines solchen Vorschlags nicht schwer. Wie aber sollen wir uns dazu verhalten – die heutigen und künftigen Bürger eines Landes mit rückläufiger oder stagnierender Bevölkerung und stabilem, wenn nicht fortschreitendem Wohlstand?! Vom täglichen und massenhaften Hungertod anderer, vor allem von Kindern, erfahren wir in den Nachrichtensendungen unserer Medien, die mit einer Modenschau enden und einer besonderen wetterdienstlichen Ansage über den Pollengehalt der Luft für Hörer oder Zuschauer, die an Heuschnupfen leiden. Das Problem bleibt ein ›gewußtes‹, auch wenn wir die elenden Kinder im Sudan und in Mosambik mit ihren Maniokbäuchen, hohlen Augen und dünnen Beinchen ›gesehen‹ haben. Weil das alles so fern ist und unser Leben hier sich nicht ändert, ob es dort zehntausend oder hunderttausend Tote täglich sind, verhalten wir uns gar nicht, bemänteln unsere Hoffnungslosigkeit mit unserem Erfolg – mit *unserem*, wohlgemerkt – und verschreiben uns einer historischen Theorie, die besagt, daß den Folgen des Wachstums am besten durch Wachstum beizukommen sei.[3] Wir arbeiten emsig und gewissenhaft am anderen Ende weiter, an der Verlängerung des Lebens, auch des Lebens, das nicht mehr gewollt wird.

Nehmen wir einen einfachen, alltäglichen, keinen Hackethal-Fall: von einer 89jährigen Frau, die bei klarem Verstand und verminderten physischen Kräften (sie liegt meist im Bett) ihr Gedächtnis verloren hat und in diesem Augenblick nicht weiß, was im nächsten geschehen wird, weil sie sich an den voraufgehenden nicht erinnern kann. Die Dinge haben keinen Zusammenhang mehr in ihrem Bewußtsein. Sie braucht jemanden, den sie fragen kann – unendlich oft. Diesen gibt es in ihrer Familie nicht; die Enkel sind an acht Stunden des Tages in der Schule, deren Eltern ebensolang bei ihrer Arbeit. Man hat die alte Frau also in ein Heim gebracht, wo sie mit anderen alten Leuten und einem freundlichen Pflegepersonal lebt. Das geht gut, bis man bei einem akuten Schwächezustand eines Tages den Notarzt herbeiruft; dieser weist sie ›ordnungsgemäß‹ in ein Krankenhaus ein, die Proteste der alten Frau sanft und beharrlich überhörend. Anderntags findet sie dort ein Familienangehöriger an Geräte und Schläuche angeschlossen, von wechselndem Spezialpersonal bei dieser oder jener Verrichtung versorgt und ohne irgendeine Vorstellung, warum ihr was geschieht. Jeden, der sich ihr nähert, fleht sie an: Man möge sie in Ruhe lassen – sie habe ja glücklich gelebt, nun wolle sie nicht mehr, dies jedenfalls nicht, denn das sei kein Leben.

Was ihr ›fehlt‹, kann den Familienangehörigen noch niemand sagen: sie durchlaufe den üblichen *check-up*. Von ihrer Bitte fühlt sich keiner angesprochen. Sie ist dem Krankenhaus übergeben worden, damit man sie behandle, heißt es, nicht, damit man sie nicht behandle. Jeder tut hier das Seine. – Ein Tag des uralten, nicht gewollten Lebens kostet 200 DM, soviel, wie man braucht, um an diesem Tag 100 Kinder in Mosambik zu sättigen. Ist diese Spannung auszuhalten? Ist sie zu lösen? An welchem Maß ist die »Lösung« zu messen?

Die Natur, die freudig Leben zeugt und es unbarmherzig vergeudet, ist nicht des Menschen Maß und ist es doch für die Menschheit. Die Erde können wir nicht erweitern, ja, wir können sie nicht einmal immer intensiver nutzen, ohne sie zu zerstören. Gerade das natürliche Leben verlangt heute planvolle Anstrengungen des Menschen. In halb betäubtem, voll konditioniertem und kollektiviertem Zustand können auch 12 Milliarden Menschen auf dieser Erde Platz, Nahrung, Sauerstoff und Licht finden – wir haben solche Welten in Science-fiction-Filmen gesehen. Aber wir Heutigen jedenfalls *wollen* so nicht leben, so wenig wie jene alte Frau an den lebenserhaltenden Schläuchen. Unser Wollen ist nicht Mutwille, ist weder bloß Natur noch bloß ein Ergebnis unserer Geschichte. Wir können die im Gefühl verankerten biotischen und historischen Wünsche – nach Bewegung, Variation, Steigerung, Selbständigkeit, Einzigkeit und Gemeinsamkeit – nicht unterdrücken; wir können uns diesen Gefühlen auch nicht anvertrauen. Wir brauchen Vernunft zur Rettung unserer Natur wie unserer Geschichte. Ist diese Vernunft lehrbar?

Auflehnung gegen den Verstand?

Ob Vernunft lehrbar sei, diese Frage wäre anderen Generationen nicht gekommen. Entweder es waltet Gottes Vernunft, dann ist es schön, an ihr teilzuhaben, aber nicht unbedingt notwendig. Er sorgt für ihren Austrag. Oder der Mensch nimmt die Dinge in seine Vernunft, dann muß sie lehrbar sein, ist sie das Lehrbare schlechthin. Heute stellen wir die Frage, nicht weil sich der Begriff von der Vernunft gewandelt hat, sondern weil so viele im Namen der Vernunft geschaffene Verhältnisse Unvernunft, Widersinn, Ausweglosigkeit lehren.

Wenn angesichts von Problemen, wie ich sie geschildert habe, ein ›Wertwandel‹ einsetzte, wäre es zu verwundern? – eine Flucht in alte, mythische Zeiten, die zwar nie heil, aber weniger heikel waren! Weil man weniger wußte, war man auch weniger schuldig. Wenn Elisabeth Noelle-Neumann recht

hat, daß immer mehr und vor allem junge Menschen die Ratio abwerten und den Wissenschaften mißtrauen, dann gewiß nicht, weil die »Habermas'sche Konnotation von Erkenntnis und Interesse« den Glauben an die »selbstkritische und reinigende Fähigkeit des Verstandes gänzlich zerstört« habe (Noelle-Neumann, 1984) und weil die Gegner unserer Gesellschaftsordnung Angst säen, die wiederum um so besser aufgeht, je weniger Macht und Autorität der Verstand hat. Aber ihre Folgerung ist richtig: In einer Zeit, in der die Furcht vor Manipulation so weit verbreitet ist, müsse man alle Fähigkeiten des Verstandes zusammennehmen, damit sich der Zweifel an ihm nicht weiter ausbreite. »Je mehr wir uns [. . .] auf unser Gefühl verlassen, um so leichter sind wir zu manipulieren« (ebd.).
In der Überschrift der Analyse von Elisabeth Noelle-Neumann ist vom »Zweifel am Verstand« die Rede. In der Umgangssprache bedeutet das: Da glaubt einer nicht, daß der andere bei Verstand sei. Es bedeutet nicht, daß er dem Verstand nicht traue. Jene nicht gemeinte Deutung halte ich in unserer Lage für richtiger als diese gemeinte. Die Mehrzahl auch der jungen Kulturkritiker streitet nicht wider den Verstand als solchen, sondern gegen seine rücksichtslose, nicht sach- und nicht menschengemäße Anwendung: gegen die Unterdrückung, Leugnung, Pervertierung des eigentümlich spannungsvollen Gemischs von Freiheit und Bedingtsein, Physis und Nomos, Seele und Geist, Wille und Vorstellung, das wir Menschen sind. Ununterbrochen versucht die rationale Wissenschaft, die *scientia*, es unter ihr Erklärschema zu beugen – und alle Einrichtungen und Lebensverhältnisse helfen mit. Sie münden sämtlich in einer universalen Subsumtion.

»Die Prügel, die der Kellner einer Diskothek nach Dienstschluß von einigen verdächtigen Gestalten auf dem Parkplatz des Lokals einstecken mußte, hat das Bundessozialgericht in Kassel als ›Arbeitsunfall‹ gewertet. Die gesetzliche Unfallversicherung der zuständigen Berufsgenossenschaft muß deshalb für den Schaden aufkommen. Da der Kellner zugleich Ehemann der Disco-Inhaberin ist, hatte die Berufsgenossenschaft die Auffassung vertreten, der Mann habe lediglich von seinem Hausrecht Gebrauch gemacht, als er auf dem Parkplatz nach dem Rechten schaute. Zudem habe ein Arbeitsunfall nicht vorgelegen, weil die Diskothek schon geschlossen hatte. Wie schon das zuständige Landessozialgericht sah das Kasseler Gericht jedoch einen ›inneren Zusammenhang‹ im Handeln des Kellners mit dessen versicherter Tätigkeit. Die Auseinandersetzung mit zwei Verdächtigen sei ein Teil seiner Tätigkeit gewesen, meinten die Richter in Kassel.« (*Frankfurter Allgemeine Zeitung* vom 28. Juli 1984.)

Nun, so klingen die Sätze der Jurisprudenz seit Jahrtausenden. Wenn ich diesen Zeitungsbericht hier zitiere, dann, weil wir uns an ihm bewußtmachen können, in welchem Maß heute buchstäblich jedes Verhältnis in einen justitiablen Anspruch eingefangen wird. Ich bin überzeugt, meine Hörer könnten mich mit Erfolg verklagen, wenn ich sie langweile. Sie müßten es nur systemgemäß anstellen.
In einem Antrag der CDU-Fraktion des nordrhein-westfälischen Landtags zur Behandlung von Neuen Technologien im Unterricht heißt es: Das technologische Verständnis solle in den mathematisch-naturwissenschaftlichen Fächern vermittelt werden; die geisteswissenschaftlichen Fächer sollen die »geistige Durchdringung und Bewältigung dieser Entwicklung« leisten (Landtagsdrucksache 9/3566).
Aufteilung und Subsumtion – es ist schier zum Verzweifeln, wie phantasielos wir darauf festgelegt sind. Die derart begrenzte Rationalität kann nicht auf die Grundschwierigkeiten antworten, die hinter den geschilderten Fällen von dem im Embryo eingefrorenen Leben, von der in allen Einzelheiten vorweggenommenen Vernichtung der Erde, von der gleichzeitigen Drosselung und Streckung des Lebens stehen,

ja, ihrer Grenzen unbewußt und sie darum dauernd überschreitend, bringt die Rationalität diese Grundschwierigkeiten fortwährend selbst hervor:

- *die unabsehbare Fülle der wahrzunehmenden Beziehungen* (die Komplexität) unserer Welt: zwischen der 35-Stunden-Woche und dem Weltfrieden, zwischen der alten Frau im deutschen Krankenhaus und den Kindern in Mosambik, zwischen Grammatikunterricht und Klassenkampf *gibt es* Beziehungen, und die Ratio zwingt uns, sie zu berücksichtigen, ob wir wollen oder nicht. Aber eben gerade daß wir in jedem Augenblick mehr Beziehungen zur Hand haben, als wir auf einmal sinnvoll denken können, nimmt uns den Mut und läßt uns bei ideologischen Vereinfachungen, bei ungeprüften Glaubenssätzen, bei Gewohnheit und Mehrheitsbeschluß Zuflucht nehmen;
- *die Entfremdung von der sinnlichen Erfahrung*; wir verstehen nicht mehr wirklich, wir rekonstruieren oder repetieren; und das macht uns unverantwortlich; Leistungen, Geld, Tote sind gleichermaßen Buchungsvorgänge in einem großen geglaubten Verrechnungssystem;
- *die Zerstückelung der Welt* – nicht in Regionen, sondern in abstrakte Einheiten: die eine Person ist aufzuteilen in den Steuerzahler, den Familienvater, den Müllproduzenten, den Fernsehteilnehmer, den Zigarrenraucher, den Opel-Fahrer, den Angestellten in der Lohngruppe BAT VIIa, den Erstmieter, den Kassenpflichtigen, den getrennt Veranlagten, den Weißen Jahrgang usw., und jeder Teil dieser Person ressortiert woanders. Einem ganzen Menschen, einer ganzen Aufgabe oder gar *dem Ganzen* können wir nirgend mehr gerecht werden; wir können so etwas nicht gebrauchen; wir können es redlicherweise gar nicht mehr denken. Wir können aus ein paar Gramm Plutonium die Energie für zehn Jahre Antrieb eines Ozeanriesen machen und aus einem Dreijährigen einen Frühleser, aber wir können nicht sagen, wohin das führt. Alle umfassenden Pro-

bleme – die Arbeitslosigkeit, die Umweltzerstörung, die Kriegsbedrohung, die Bevölkerungslawine, die Inflation – sind offenbar nur für sich und gegeneinander zu lösen;
- *unsere Geschichtlichkeit:* wir werden gerade mit den Problemen von gestern fertig, werden aber schon von den morgigen ereilt und beunruhigt; weil wir von unserer Geschichtlichkeit wissen, wähnen wir uns über sie erhaben; nach zehn Jahren geschichtlichen Aufruhrs für die Emanzipation fallen wir willig in den geschichtlichen Autoritätsglauben zurück;
- *unsere Natürlichkeit:* auch von ihr ›wissen‹ wir, und auch in diesem Wissen werden wir weder frei noch unfrei; wir versuchen, unser gestörtes Verhältnis zu unserem Körper über die Einsicht in Ordnung zu bringen und geraten dadurch in doppelte Verwirrung; eine richtige Ernährung – ja!; aber das richtige Curriculum für die richtige Ernährung – ich zweifle!; die ganze unendlich wortreiche und angestrengte Theorie, die die Wiederentdeckung der Körperlichkeit begleitet, scheint mir noch immer zur Entfernung vom Paradies und nicht zur Wiederannäherung zu gehören, nicht zum abermaligen Essen vom Baume der Erkenntnis, das uns in die Unschuld zurückführt (Kleist, *Über das Marionettentheater*).

Es hat wenig Sinn, sich das eine Wort – »Verstand« – zu verbieten und sich ein anderes – »Vernunft« – zu verschreiben, wenn man die Lösung in der Sache nicht weiß. Wer das Wort »Vernunft« benutzt, muß es mit Verstand tun – mit einer klaren Vorstellung *erstens* davon, warum er sie und nicht eine andere gebietende Instanz anruft, und *zweitens* davon, was diese gegenüber der funktionalen Ratio auszeichnet oder gar, in der Sprache der Frankfurter Schule, was instrumentelle Vernunft von substantieller Vernunft unterscheidet.

Zum ersten: *In den geistigen und moralischen Dilemmata der heutigen Menschheit*, die ich vorhin in Beispielen vorgestellt habe,

- sind Antworten nicht bei den *Religionen* zu finden: Deren Antworten werden immer nur von einem Teil der Menschen geglaubt und befolgt; wer der einen angehört, mißtraut der Wahrheit der anderen; nur wo sie nicht mehr im vollen Ernst geglaubt werden, halten sie einigermaßen Frieden untereinander; die Wahrheiten der universalsten unter ihnen sind zudem in vorrationaler Zeit formuliert und für die heutigen Menschen nur vage verständlich und jedenfalls auslegungsbedürftig; Religionen können mit noch weniger Sicherheit gelehrt werden als andere Dinge: Kunst, Politik, Wissenschaft;
- ist nicht Maß an der *Natur* zu nehmen: Deren Grenzen und Gesetze hat die Menschheit schon zu dem Zeitpunkt verlassen, mit dem ihre Erinnerung beginnt (Genesis 1,1–3); wir haben auch den Darwinismus und seine Entsprechung in der Gesellschaft – den Wirtschaftsliberalismus, *free enterprise* und die dieses zum Guten lenkende *invisible hand* – durch die von uns geschaffenen Verhältnisse außer Kraft gesetzt, past return;
- können wir uns gleichwohl nicht auf die *Geschichte* und unsere *Kultur* berufen: Die in ihr entwickelten Mittel und das in ihr entstandene Bewußtsein bescheren uns ja gerade die Zwiespälte und Nöte, zu denen wir hier Lösungen suchen; es gibt keinen unter den vielzitierten »Grundwerten«, durch den die gezeigten Konflikte nicht mitten hindurchgingen;
- nützt *der Rat von Weisen, Erleuchteten, Dichtern* wenig: Sie mögen die gesuchte Wahrheit treffen und verkünden, aber sie sind meist nicht gemeinverständlich und nie gemeinverbindlich.

Autorität haben das Wort und die Wahrheit nur durch eine übermenschliche Macht oder durch menschliche Zustimmung. Uns bleibt, in der weitgehend vom Menschen gemachten, in der nunmehr vom Menschen zerstörbaren, in der *einen* Welt nur eines: die Bemühung um und die Hoffnung auf Zustimmung für die (sie verändernden) Taten, die (ihr zu setzenden) Ziele, die (ihr unterstellten) Deutungen. Zustimmung fordert Verstehen, Gemeinsamkeit der Erkenntnis, Gemeinverständlichkeit der Sprache.

Damit bin ich beim zweiten: Funktionale Ratio gibt an, *wie* etwas getan oder gesagt werden *kann*, wenn man seinerseits angibt, *was* getan und gesagt werden *soll.*[4] Normativ ist die Ratio hinsichtlich ihrer selbst – hinsichtlich der dafür erdachten Verfahren. Die substantielle Vernunft (dies ist kein schönes, ein hier nur um der schnelleren Verständigung willen benutztes, nein zitiertes Wort) ist ein *bedingtes* rationales Verfahren. Die Bedingung ist jenes Allgemeine, das wir »die Würde des Menschen« nennen und das in den Menschenrechten ausbuchstabiert ist. Die sind so vielfältig und werden in den verschiedenen Lagen der verschiedenen Menschen auf so vielfältige Weise verstanden, daß darin noch keine Regel für das Handeln zu finden ist: alle bedeutenden Konflikte ließen sich aus den Menschenrechten und ihrer unterschiedlichen Auslegung konstruieren; wenn man Streit haben und erklären will, brauchte man keine anderen Anlässe als die Menschenrechte. Aber – und dies macht das Grundgesetz der heute geforderten Neuen Aufklärung aus – wir können in regelhaften Überzeugungsprozessen, die als unter allen Menschen geführt zu denken sind, Übereinstimmung erzielen – as far as it goes. In ihnen wird geprüft, was welche wie gesicherte Erkenntnis für die Menschheit bedeutet und wo die Grenzen dieses Verfahrens sind. Was dieses nicht meistert, muß ungelöst ausgehalten werden. Die *Ambivalenz* vieler bedeutender Verhältnisse ertragen zu helfen ist vermutlich heute die wichtigste Aufgabe der Vernunft.

Die Grenzen der Vernunft bestimmt die Vernunft. Sie hat

darum die Pflicht zu deren strengster Prüfung. Sie darf mit den Regeln und Ergebnissen des Verfahrens, sie darf mit sich selbst nicht großzügig umgehen. Und dies nicht obwohl, sondern weil Vernunft immer nur vorläufig ist, nicht genau ›gewußt‹ und nie vollkommen erfüllt werden kann.

Ich möchte veranschaulichen, wie ich das meine: Eine aus Afrika heimkehrende Freundin berichtet, das Zusammenleben mit den Schwarzen in Zentralafrika habe sie, eine aufgeklärte sozialdemokratische Christin, Bescheidung gelehrt. Wenn Afrikaner einen Dieb durch einen magischen Ritus überführen, wenn sie an Zauberei glauben und sie täglich aneinander ausüben, wenn ihre Toten ihr Leben stärker beeinflussen als sie selbst – dann wolle sie sich nicht klüger dünken und dies alles abstreiten. Es sei nicht nur hochmütig, wenn der Abendländer zu wissen meine, es handle sich um Suggestion und Autosuggestion oder um andere psychologisch erklärbare Effekte oder auch einfach um Schwindel. Es sei vor allem unehrlich, so zu denken. ›Wissen‹ wir wirklich, daß es so ist? Haben wir uns je dem Zauber ausgesetzt? Sind unsere Mittel und Verfahren, unsere Pillen und unsere Erklärungen nicht ebenso abergläubisch – wenn nicht im Prinzip, so doch im einzelnen Fall, der die Wirklichkeit ist?

Ich verstehe diese Freundin und bewundere die Toleranz, mit der sie gelten läßt, was sie nicht verstehen und nicht ändern kann. Ihrem Umgang mit den Menschen dort wird solche Weisheit gut bekommen. Aber zur Maxime meines Denkens und Handelns könnte ich diese Gelassenheit nicht machen: ich käme mir fahnenflüchtig vor. Ich weiß, daß wir in jene magische Welt nicht zurückkehren können. Ich kann redlicherweise nicht zugeben, daß es irgendwo Menschen gibt, die wirklich zaubern: über Kräfte verfügen, die die Naturgesetze überschreiten. Ich kann angesichts eines Phänomens, das wie Zauberei aussieht, nur zugeben, daß mein Begriff von jenen Naturgesetzen zu eng ist. Wenn ich diesen erweitere und wenn es ›Zauberwirkungen‹ wirklich gibt, kann ich sie im Prinzip an die Kette eines Gesetzes legen.

Dies ist ein Postulat an meine Denkweise – bis eines Tages eine unauflösliche Erfahrung übergesetzlicher Macht, eine Epiphanie der Gottheit selbst, mit ihm bricht. Ich sehe keinen Anlaß zu meinen, daß eine solche Erfahrung eintreten werde, ja, ich bin überzeugt, daß mir wirklicher Zauber nicht begegnen wird. Die Möglichkeit kann ich offenlassen. Das allein hebt die Forderung nicht auf: Wenn ich einer Erkenntnis einräume, sie sei allgemein wichtig, dann muß sie grundsätzlich auch anderen mitteilbar sein. Unverstandenes ist nicht verantwortbar. Ein Wissen, das sich für wahr, entscheidend *und* nicht-mitteilbar hält, kann in der Welt, in der wir leben, stets zu Auschwitz führen. Dieser Satz ist selbst eine notwendige, wenn schon nicht eine hinreichende Bedingung dafür, daß es dazu nicht kommt.

Ich kann darum auch Afrika nicht seinen eigenen Denkformen überlassen – es sei denn, wir ziehen unsere Hand ganz von ihm ab, lassen Afrika eine eigene, andere Welt sein, die möglicherweise besser ist als unsere. Das aber läßt die Geschichte nicht mehr zu. Afrika hat selbst nicht die Wahl, eine Stammes- oder Bronzezeit- oder Kolonial- oder Mischkultur zu haben, magisch oder mythisch oder aufgeklärt zu sein. Es gibt dort inzwischen Tourismus, Folklore, die großen Städte, die Autos, die technischen Apparate, die Güter, die Wissenschaft, die Nachrichten des Westens-und-Nordens. Dem muß es gewachsen sein – durch die Denkform, die dies alles hat entstehen lassen, die in diesem allen steckt. Man kann den Computer nicht behexen, den Autounfall und den Börsenkrach nicht wegbeten. Man kann sich beschränken; man kann einem großen Teil der modernen Medizin, der Pädagogik, der Wirtschaftshilfe entsagen; man kann der Reproduktion von Kunst, Musik, Theater widerstehen und seine Götter wieder selber schnitzen, seine Tänze in alter Weise singen und tanzen. Solche Beschränkung täte auch uns gut, bliebe innerhalb der Ratio unserer Kultur. Aber die von uns nach Afrika eingeschleppten Verkehrsprobleme, Erosionsschäden, Ernährungskrankheiten, Vergiftungen, Staatsapparate und politischen Hysterien sind kein Fall für den Medizinmann. So gern man die Afrikaner sich selbst und ihrer alt-neuen Identität überließe: sie werden gerade dann ein hohes Maß an Verstandeskultur brauchen, um die Isolierung ohne Angst zu bestehen, um mit den erwachten Ansprüchen fertig zu werden, um Verantwortung in den größeren Einheiten, für die neuen Anlagen – Staudämme und Kraftwerke –, für ihren Abbau, für die wiederhergestellte oder wiederherzustellende Natur zu tragen.

Was für Afrika gilt, gilt erst recht für Europa und Amerika. Auch wir können nicht – unter dem Vorwand, die Verstandeskultur habe uns Unheil gebracht, ja, sei zu einer Art kollektiven Wahnsinns entartet – dieser kündigen und in die Idyllen der Vorzeit zurückkehren.

Alternativen zur Vernunft?

Wir haben Grund zur Sorge, wenn wir erleben, daß Menschen überall gedankenlos oder bewußt die mühsame und karge Verständlichkeit zugunsten eines fülligen Tiefsinns, die ungeschützte Selbstverantwortung zugunsten von geistiger und moralischer Führung, die ernüchternde Rationalität zugunsten von Rausch und Erleuchtung aufgeben. Und vielleicht geht uns auf, daß *diese* Antworten so falsch oder so gefährlich sind wie das Hoffen auf den Jahrtausendmenschen, der mit immer neuen Mitteln die Folgen der alten einholt: die Nöte der halb-computerisierten Welt durch die voll-computerisierte beseitigt, die Bevölkerungsexplosion durch die Ausdehnung des Wohlstands auf die ganze Erde eindämmt, die Atomkriegsgefahr durch totale Abrüstung aufgrund totaler Friedenserziehung beendet, die Fragen nach dem Maß aller Dinge durch ›restlose‹ Aufklärung erledigt.

Damit niemand just seine Gegenaufklärung für die richtige, in der pauschalen Anklage nicht gemeinte, ungefährliche halte, will ich wenigstens drei gängige und verschiedene Typen mutwilliger Unverständlichkeit – wieder am Beispiel – vorstellen und das jeweils gewählte Verfahren *more philologico* kurz verdeutlichen.

(1) *Tiefsinn, Hellsicht, Einweihung.* Die Theorie zu einer der erfolgreichsten Erziehungslehren der Gegenwart beginnt mit folgenden Sätzen:

> »Der Mensch, welcher sich auf sich selbst besinnt, kommt bald zu der Einsicht, daß er außer dem Selbst, das er mit seinen Gedanken, Gefühlen und vollbewußten Willensimpulsen umfaßt, noch ein zweites kraftvolleres Selbst in sich trägt. Er wird gewahr, wie er sich diesem zweiten Selbst als einer höheren Macht unterordnet. Zunächst wird der Mensch allerdings dieses zweite Selbst wie eine niedrigere Wesenheit empfinden gegenüber demjenigen, das er mit seinem klaren, nach dem Guten und Wahren neigenden vollbewußten Seelenwesen umspannt. Und er wird diese niedrigere Wesenheit zu überwinden trachten.
> Eine intimere Selbstprüfung kann aber über das zweite Selbst noch etwas anderes lehren.« (Steiner, 1946, S. 9.)

Der Text setzt mit einer offenen Proposition ein (»der Mensch, welcher . . .«), geht zu einer bestimmten Vorhersage über (»er wird gewahr, wie . . .«), verwickelt den Leser in eine noch unklare und darum schlecht abweisbare Vorstellung (von einem »zweiten Selbst«, einer »höheren Macht«, einem »niedrigeren Wesen«, einem »Seelenwesen«), bereitet deren spätere Wirkung auf den Leser vor (»als einer höheren Macht«), baut einem Einwand vor (»zunächst . . . allerdings«) und leitet die zweite Windung der Spiralbewegung ein, durch die der Leser immer tiefer hinab in die Abgründe vorbewußter Seelenzustände und schließlich vorgeburtlicher Existenz gezogen wird. Hier, in den Regionen übersinnlicher Wahrnehmung, übernimmt der Autor die Führung; er kann dem Leser mit Verlust drohen (»viele Menschen machen solche Selbstentdeckungen nicht, weil sie nicht darauf ausgehen«), ihn mit Versprechungen locken (»man fühlt sich wie geborgen durch eine gute Macht, die in den eigenen Wesenstiefen waltet«), fest mit williger Nachfolge rechnen (»in der Tat arbeitet die Menschenseele, bevor sie voll bewußt ist, an dem Gehirn so, daß dieses ein solches Werkzeug werden kann« – zum Ausleben der in früheren Existenzen erworbenen Eigenschaften). Durch solche Rede- und Denkweise wird der Leser auf eine andere Wahrheit, auf das Erschauen geistiger Welten vorbereitet, das ihm als einem »Eingeweihten« zuteil wird (S. 47 ff.).

(2) *Definition, Abstraktion, Struktur.* Aus einer »Grundlegung der Friedenserziehung als zentralen Bereichs der Pädagogik heute« von Peter Heitkämper (1983) entnehme ich die folgenden Passagen:

> »Friede soll [. . .] systemtheoretisch definiert werden als das notwendige regulative Prinzip der Steuerung gesellschaftlichen Verhaltens, das die Chance des Überlebens wahrscheinlicher macht.
> Friedenserziehung ist von daher in dem Maße notwendig, als wir Pädagogen glauben, mit Erziehung und – allgemeiner – Lernprozessen Regulative für die Steuerung menschlichen Verhaltens schaffen zu können, die auch Auswirkungen auf die Gesellschaft, ja auf das System der Völker haben könnten. Systemtheoretisch formuliert unterliegt Friedenserziehung der Schwierigkeit, die komplexe Erlebnisverarbeitung von konkreten Menschen mit ihren Bedürfnissen, Aggressionen, Vorurteilen usw. so zu regulieren, daß diese Menschen auch in sozialen (andersgearteten) Systemen (›im Leben‹) nach diesem Regulationsprinzip Informationen verarbeiten (Luhmann, 1971, S. 93).
> Dabei bleiben also mehrere systemtheoretische Hauptprobleme: 1. die Ordnungsform des Friedens als Negation von Naturwüchsigkeit und als Orientierung des Subjekts auf

eine spezifische (humane) Sinngebung des Lebens systemrelevant erzieherisch aufzuarbeiten (Beispiel: institutionelle Pädagogik); 2. zu gewährleisten, daß das mit diesem regulativen Prinzip ausgestattete Subjekt in sozialen Systemen unterschiedlicher Stufung, Qualität und Zwanghaftigkeit sein Verhalten nach der Maxime des Friedens steuert; 3. die kybernetische Steuerung und Kontrolle der Zentralsysteme, z. T. gegen die pragmatische Reduktion auf Primitivwerte, zugunsten des Sinns des Ganzen und (erzieherisch) zugunsten des Vertrauens der Bevölkerung sinnvoll erscheinen zu lassen.

Es ist also fürs erste deutlich, daß Friedenserziehung systemtheoretisch grundgelegt werden kann [. . .].

Friede ist im Sinne der obigen Friedensdefinition genetisch-strukturalistisch als Transformationsprozeß beschreibbar; es können angegeben bzw. gesucht werden: die strukturale Organisation eines Systems friedlicher/unfriedlicher Umweltgegebenheiten als Gesamtheit der Relationen zwischen Elementen des Systems, die strukturellen Gesetze, die Oberflächen-/Tiefenstruktur von Gewalt bzw. Gerechtigkeit, ebenso die zwischen Oberflächen- und Tiefenstruktur vermittelnde generative Transformationsgrammatik und die Transformationsregeln (Geissler, 1976, S. 222 ff.) sowie die strukturalistische Genese des Transformationsprozesses als analysierte Geschichte von Gerechtigkeit versus Gewaltstrukturen (Lenzen, 1976, S. 15).

Für Rombach (1971) müssen strukturalistische Analysen durch die Beschreibung ihrer Genese darüber hinaus *qualitativ* differenziert werden: erst dann kommt eine Strukturontologie, -anthropologie und -pädagogik zu einer Phänomenologie der Freiheit, die auch Teil einer Phänomenologie des Friedens genannt werden könne (vgl. auch Guardini, 1925; Hamelin, 1925) [. . .].

Friede ist also – gemäß den bisher angeführten, parallel gesetzten Definitionen – strukturalistisch gesehen die stän-

dige Befreiung von Systemen und die ständige Befreiung zur Identität auf allen Strukturebenen.
Und hier ist auch ein Ansatzpunkt für die Friedenserziehung, den die strukturalistische Sichtweise noch mehr verdeutlichen soll. Unfriedenserziehung, d. h. Erziehung zum System (Vorurteilen, Intoleranz, struktureller Gewalt, fremdbestimmten Normen, egoistischen Teilzielen u. a.) beachtet weder die Genese noch die Dynamik von Strukturen, ist also der Tod freiheitlicher Kreativität, Offenheit, Universalität, Identität; sie ist, wie Rombach sagt, Selbstmord der Struktur [. . .].«

Hier wird der Leser in umgekehrter Richtung von den Alltagswahrnehmungen und -gedanken ›hinauf‹ in die Unanschaulichkeit, in eine Welt von Kunst-Begriffen geführt; es gibt Erkenntnisbedingungen, die unser Verstehen in der Form von Adverbien begleiten und bestimmen (»systemtheoretisch formuliert«, »strukturalistisch-genetisch beschreibbar«); Nomina und Verben versuchen, so allgemein zu bleiben, und die Ergebnisse, so weitläufig verwendbar zu sein wie irgend möglich – von Gewalt bis Grammatik, von Freiheit bis Frieden, von Kybernetik bis Kreativität; sie bleiben darum absichtsvoll inhaltslos; Widersprüche können nur formal in Erscheinung treten; Bestätigung kommt durch Hinweis auf andere Autoren, die bestimmte Wörter geprägt, bestimmte Gegenstände behandelt, bestimmte Denkfiguren auch benutzt haben; Befriedigung wird aus der Tatsache gezogen, daß sich etwas so oder so darstellen lasse – während Handlung, Wirklichkeit, der einzelne Fall draußen bleiben: so stören sie die Denkwahrheit nicht.[5]

(3) *Mysterium, Rausch, Verstehen durch Vollzug.* Es liegt in der Natur der Sache, daß ich hierzu kein Textbeispiel liefern kann. Hermann Nitsch hat zwar für sein drei Tage und Nächte dauerndes »Orgien und Mysterien Theater« – in diesem Sommer in Prinzendorf bei Wien aufgeführt – auch eine

»Partitur« geschrieben, aber nur große Ausschnitte daraus dürften erkennbar machen, was da vor sich gegangen ist oder gehen sollte: die orgiastische Verschlingung/Verspeisung des Geistes. »Nehmet, esset, das ist mein Leib« und »Trinket alle daraus: das ist mein Blut des Neuen Testaments« werden aus der Symbolik zurückgeholt in ein Bad im Blut von Opfertieren; die Kreatur geht in sich selbst ein; Lärmorchester, Fackeln in der Nacht, Tanz, Schlaf, Naturandacht, Gefühlsentladung, ästhetische Verdichtung, das Aufsuchen des Zufalls – dies alles wird kunstvoll beigebracht, um den Menschen von dem zu lösen, was die Griechen dem Dionysos gegenübergestellt haben, vom Prinzip der Klarheit des Apoll, von der *sophrosyne*, das ist ›Rettung des Geistes‹, vom *logos*, das ist das Verhältnis kommensurabler Größen. Sie sollen weichen, denn sie sind die Ausnahme, das Konstrukt des Verstandes, der sich durch sie zum Herren über das Leben macht.

Drei Absatzbewegungen – Flucht vor der Aufgabe, die wahrgenommene Realität zu verstehen, verständlich zu machen und verständig zu ordnen. Flucht zumal aus der Vernunft, aus der geteilten Verantwortung, aus der Pflicht, immer neue Zustimmung herzustellen.

Das wohl meistgelesene Buch der Gegenwart, Michael Endes *Unendliche Geschichte*, hat für mich drei große Pointen. Wenn sie seinen Erfolg erklären, will ich mich mit diesem versöhnen:

Die erste Pointe ist: Unsere Welt stirbt aus Mangel an Phantasie; unsere Vorstellungskraft ist zu klein für die Fülle des in ihr Wirklichen und erst recht für die Fülle des noch Möglichen. Der Kleinmut unseres Erkennens ist der Grund für den Zerfall der Welt – ihre Verarmung, Verkarstung, Verkrüppelung. Wenn Bastian keine Wünsche mehr hat, ist es um Phantásien geschehen.

Die zweite Pointe ist Bastians sich mühsam durch Angst und Selbstzweifel bahnbrechende Einsicht, daß *er* gemeint ist:

wenn sich sein Herz beim Lesen krümmt, greift die Welt nach ihm. Sie hängt von ihm wie von mir und dir ab. Die schwierige Zumutung, daß wir für Frieden, Leben, Menschlichkeit, die Wahrheit Verantwortung tragen, geht in dem einfachen Satz auf: Du bist wichtig für das Ganze, ja, auch du!

Die dritte Pointe ist: Die Geschichte faßt alle Bedrohung, alle Lüge, allen Wahnwitz, alle kleine und große Zerstörung in einem Mythos zusammen – sie macht dies alles faßbar, benennbar. Wenn wir uns nichts mehr vorstellen können, wird nichts sein. Die Vernichtung wird das alles verschlingende Nichts. Die Alogik dieser Figur stört nicht; sie ist von der Art der bedeutenden Paradoxien, mit denen der Geist von jeher das Unvorstellbare einzufangen sucht – nicht schlechter als das andere Nichts, aus dem Gott die Welt geschaffen hat, und als die Dreieinigkeit, die er selber ist.

Dies ist – *sit venia verbo* – eine große aufklärerische Leistung. Michael Ende hilft damit, die Menschen zu stärken – gegen die Verhältnisse, das Schicksal, die Hoffnungslosigkeit, in die sie zu fallen drohen – gegen die Unerkennbarkeit und Unbenennbarkeit der Welt.

Aber ich muß fürchten, daß es andere »Pointen« sind, mit denen er die Mehrzahl der Leser in seinen Bann zieht:

(1) Er bestätigt ihnen, daß die Welt kaputtgeht, weil der Verstand an ihre Geheimnisse rührt. Die heile Welt ist die vom Erkennen nicht durchdrungene – eine Welt, wie Kinder sie sehen, in der wir uns darum wie Kinder verhalten sollten.

(2) Es gibt das Böse und es gibt das Gute in ihr, und das Böse wird siegen, wenn wir unentschlossen beiseite stehen. Das Gute sieht aus wie die Kindliche Kaiserin und Atréju, das Böse wie Gmork. In einem Buch für Kinder hat das seine Funktion: sie lernen daran die wichtigen Ordnungsmittel des Geistes. Aber wenn Erwachsene die reale Welt so einteilen und sich selbst dann auf der »guten« Seite unterbringen, haben sie sich die entscheidende moralische Mühe erspart; sie sehen die Wirklichkeit nicht mehr, wie sie ist; sie verwechseln die Absicht mit der Wirkung.

(3) »Unsere Seelenlandschaft ist verwüstet, es wird etwas Neues kommen müssen«, sagt Michael Ende zum *Spiegel* (2. April 1984, S. 287) und fügt hinzu, es scheine ihm nötig, »daß das Akausale, das Nichtlogische wieder eingesetzt wird und seine Berechtigung zurückerhält; sonst wird's tödlich.«
Es gibt in der Tat Erscheinungen, die kausal nicht zu erklären sind. Es mag sein, daß wir sie darum auch nicht sonderlich ernstgenommen haben. Die Schönheit einer Blume für mich, der ich sie nicht essen und nicht begatten kann, ist qua Schönheit akausal, objektiv und subjektiv nicht durch ein »weil« zu begründen. Es gibt keinen ›Grund‹ dafür, daß die Person, die am 6. 9. 1984 hier steht und dies sagt, das Bewußtsein des Hartmut von Hentig hat – und keine andere Person sonst in diesem Raum, in dieser Stadt, in dieser Zeit. Ginge es Michael Ende um diese Rätsel, er hätte sich das nachdrückliche Pathos erspart: ». . . sonst wird's tödlich«. Und ginge es ihm bei der Wiedereinsetzung des »Nichtlogischen« um die Aussagenkritik, die das Wort, strenggenommen, immer meint, er hätte sich vollends vergriffen. Daß wir Nichtlogisches nicht gelten ließen, stimmt nicht. Geschichtsschreibung besteht seit Jahrhunderten vorwiegend aus der logischen Aufdeckung der Nichtlogik menschlichen Handelns; die Psychologie, die Soziologie, die Ökonomie hätten bald keinen Gegenstand mehr, wenn sie sich auf logisches Verhalten beschränkten; selbst die Naturwissenschaften, die sich mit allgemeinen Gesetzen und nicht mit besonderen Absichten und individuellen Abweichungen befassen, geben unendlich viel Nichtlogisches wieder – freilich, wie die anderen Wissenschaften auch, in logischer Erklärung. Es kann nicht sein, daß Michael Ende dies meint. Er verdächtigt vielmehr – um Phantásiens willen – die Ratio, sie sei an »Sinnverlust und Entfremdung« schuld. Er legt nahe, man könne der »Innenweltzerstörung« durch Mythos begegnen. Er macht Hoffnung, wir könnten uns der Lähmung durch die Atom-

bombe und den Nihilismus mit schierer moralischer Entschlossenheit entreißen – ohne Kenntnis ihrer Gründe. Michael Ende hilft damit nicht, die Sachen zu klären.

Ist Vernunft lehrbar?

Wenn Schule die kommende Generation auf das Leben vorbereiten soll, wie es ist, ohne sie dem Leben zu unterwerfen, wie es ist, dann muß sie mehr tun als die und die ausgewählten Gegenstände und Fertigkeiten »lehren«. Es ist nicht zu hoffen, daß die Menschen mit den anwachsenden und sich komplizierenden Schwierigkeiten fertig werden oder sie auch nur aushalten können, wenn ihr Wissen von den Dingen und Verhältnissen nicht durch Zuversicht, Selbstbewußtsein, Solidarität – durch Einstellungen – getragen wird.

Wie lernen Menschen, das prekäre Gleichgewicht von Verstand und Gefühl, von objektivierter Erkenntnis und subjektiver Wahrnehmung, von Verantwortung und *pursuit of happiness* herzustellen? wie den gewaltigen Überhang von der allgemein verfügbaren Sach-Kenntnis über die tatsächlichen Handlungsmöglichkeiten zu ertragen? wie die offene dialogische Vernunft gegen den sich schon in der Sach-Kenntnis aufdrängenden Sach-Zwang zu retten? wie der Verführung zur Privatisierung des Bewußtseins, zum Rückzug in die warmen Höhlen der Kollektivierung, zu Okkultismus, aber auch zu Zynismus, Agnostizismus, Fanatismus, ja Terrorismus zu widerstehen? wie den Wahnsinn der Entwicklungen zu erkennen und einzugestehen – und ihm nicht mit dem Stumpfsinn der *brave new world* begegnen zu wollen?

Die drei Mittel, die die heutige Schulpädagogik bestimmen, taugen dazu sicher nicht: (a) die Leistungssteigerung mit Hilfe lernpsychologischer Techniken, (b) die damit verbundene Einteilung in Zuständigkeiten – für die einzelnen Wissensfelder (Disziplinen) und für die Wertvorstellungen, sozialen Verhaltensformen, »Bewährungsstrategien« and

what have you – und (c) moralische Überwältigung nach vorheriger »Herstellung von Betroffenheit«.
Nehmen wir die Neuen Medien, die unser Leben drastischer verändern werden als das Auto und die Pille. Unser eingefahrenes System von Effizienz und Ressort legt scheinbar von selbst die Aufteilung nahe –
hie am Gerät zu erklären: die Prinzipien der elektronischen Datenverarbeitung und die Technik der Apparate, den Aufbau der Apparate, die Digitalisierung, die Funktion der Computersprachen, integrierte Schaltung, Transistor, Silicium, Chip, Miniaturisierung, CAD und CAM usw.;
da an Texten und in der Diskussion zu klären: die Notwendigkeit, die Chancen und die Gefahren dieser technischen Entwicklung, die Konkurrenzfähigkeit der deutschen Wirtschaft, die Technikfeindlichkeit und ihre Ursachen, den Kulturpessimismus und seine Folgen, die Rationalisierung und das Schwinden der Arbeit, den Datenschutz, die Monopole, die Zuschauermentalität, die neuen Freizeitmöglichkeiten, die Herausforderung der Kreativität usw.;
dort durch Gebaren und Rituale, durch Aktivitäten oder Verbannung zu bemeistern oder sich anzueignen: eine geschätzte oder verpönte oder lächerliche Gesinnung, die mit der Sache verbundene Angst oder Verachtung oder Süchtigkeit, die Einsamkeit oder den Rausch des Spitzen-»Hackers«, sozialen Frost oder soziale Affekte.
Alle Ausgewogenheit von Zuversicht und Kritik, von theoretischem Verstehen und praktischer Anwendung/Übung vorausgesetzt: in jener Einteilung wird just die Trennung von Sache-wie-sie-ist-und-funktioniert, Reden über ihren Sinn und Wahrnehmung meiner selbst weitergegeben, die unser Problem – unseren Unbedacht oder unsere Apathie – ausmacht. Junge Menschen lernen, daß das eine zwingend ist, daß das andere folgenlos bleibt (und im wesentlichen von anderen Personen be-sorgt wird, die die Sache so genau gar nicht verstehen) und daß wir mit dem dritten ohnedies immer allein sind.

Eine Erfahrung, die den Menschen wirklich stärkt und ihn nicht nur mit Redensarten ausstattet, ist allein an Situationen, Aufgaben und Lehren zu gewinnen, die das (für den Zweck der wirksameren Belehrung) Getrennte vereinigen. Das fordern vor allem Pädagogen, die ihren Auftrag mit ihrer ganzen Person erfüllen, die die Zwiespältigkeit des ›Gegenstandes‹ in sich erleiden und selber vorführen, wie man mit ihr fertig wird. Und dafür, daß Pädagogen überhaupt so sein können und dürfen, muß, ach, noch soviel anderes anders werden!
Nachdem ich in diesem Jahr ein Buch über die Neuen Medien – ihre Herausforderungen und Gefahren – geschrieben habe, würde ich dem eben aufgestellten Grundsatz zufolge gern einmal einen Computer in meinem Unterricht verwenden. Das wird auch in zwei bis drei Jahren geschehen, noch sind meine Lateinschüler zu klein (10 und 11 Jahre alt). Das Experiment wird vermutlich nicht zugunsten des Computers ausgehen, aber gerade dadurch zugunsten der damit gemeinten Erfahrung der Schüler: es läßt sich nun erkennen, wie sich was womit verbindet – seinem Sachgesetz gehorchend – und wie ich darüber verfüge, welchem meiner Zwecke mit diesem Apparat gedient und welchem damit geschadet wird, welche Grenzen er hat.
So halte ich es mit anderen Erfahrungen auch. Mein Lateinunterricht ist ein Lebensunterricht. Er hat nicht in erster Linie dadurch Sinn, daß meine Schüler *irgendwann* Latein *können*, sondern dadurch, daß sie *jetzt* – in dieser Stunde, in dieser Woche, in diesem Jahr, miteinander und mit mir – Latein *lernen*, eine Einstellung zur Welt, zu sich selbst, zur Erkenntnis, zum Arbeiten gewinnen, die ihnen hilft zu leben.
Was kommt in diesem Universalunterricht alles vor?

– Wir haben eben mit etwas Neuem begonnen, der Einführung des direkten Objekts: *capio tubum*, *inspecto sphaeram*, *detecto Taurum*, *delineo figuram*. Die Schüler spielen die »fabula« und ›unterhalten sich‹ auf Latein darüber. Der Täter

(»actor«) fragt mich, der ich's weiß: »Quid facio?« Der Neugierige (»curiosus«) fragt den Täter: »Quid facis?«, der Schwerhörige (»surdus«) den Neugierigen: »Quid facit?« Die Antworten kommen mit zunehmender Sicherheit (und begleitet von der erklärenden Geste): »Capio tubum«, »Capis tubum«, »Capit tubum« usw.; die Schüler wissen nicht, daß sie »konjugieren«. Sie lernen in einem kleinen Zusammenhang, mit ihrer ganzen Person, in beschränkter Variation, durch unmerkliche Wiederholung und merklichen Fortschritt.

– Wir malen ein Bild, das das Verhältnis von »Täter«, »Tat« und dem, »worauf sich die Tat richtet«, in einfachen Symbolen und für alle Fälle dieser Art brauchbar festhält; wir geben dem neuen Strukturelement – zur Unterscheidung von den anderen – einen Namen: Subjekt, Prädikat, *Objekt*; die Schüler lernen auf diese Weise nebenbei Stufen der Abstraktion (und ihre Nützlichkeit) kennen: Handlung/Rede – Zeichen – Begriff.

– Zwei Schüler kommen, während ich etwas erkläre, zu spät und gehen an ihre Plätze. Wir unterbrechen den Gang der Dinge nicht, aber sie wissen: sie werden gefragt. Sobald ich kann, wende ich mich ihnen zu. Ohne Zorn und ohne Besorgnis – mit natürlicher Neugier. Cato wartet schon ungeduldig darauf, den Grund für sein Zuspätkommen loszuwerden: Eine Viehherde hatte den Weg versperrt; eine Kuh hatte sich breitbeinig und frontal vor das Auto gestellt; seine Mutter habe gehupt – und Angst gehabt, auszusteigen; das habe dann er getan: er habe die Kuh am Hals weggeschoben . . . Cato wohnt auf dem Land. Auf einem kleinen Bild, das einen Bauernhof darstellt und das ich den Schülern nach der zweiten Stunde mit nach Hause gegeben habe, damit sie daran Fragen beantworten – »Quid facit asinus? Quid faciunt columbae? Quid facit agricola? Quid faciunt servi?« etc. –, hat er alle noch fehlenden Tiere nachgetragen und ihre Namen aus dem Lexikon dazugesetzt. So hält er seine Welt zusammen, und ich reiße sie ihm nicht auseinander. Der zweite Zuspätkommer guckt scheu weg, ein kleiner Chilene, bei dem es zu Hause wohl streng zugeht. Er hat keine so gute Entschuldigung, und weil Catos Geschichte interessant und lang war, verzichte ich darauf, ihn zu fragen. So bleibt auch seine Welt unangetastet.

– Aus Anlaß der Rinder – *pecudes* – haben wir über *pecunia* und »Penunze« und pekuniäre Schwierigkeiten gesprochen. Wieso Geldscheine einen Wert haben, war meinen Schülern überhaupt nicht klar, es hatte sie bisher nie beschäftigt. Also war eine kleine Lektion Nationalökonomie fällig. (Wie denn überhaupt das Wörter-erklärt-Bekommen eine nicht endende Lust der Schüler ist; natürlich waren bei *putare* ›scheiden, klar ordnen‹ auch *computare* ›rechnen‹ und der »Computer« dran; und bei *digitus* »digital« und bei *bis* und *bini* »bit« (»binary digital«); und weil die Sprache die Welt noch einmal abbildet, kann Latein mühelos ein enzyklopädischer Unterricht sein – und ein großer Entschlüsseler der Dinge durch ihre Bezeichnung.)

– Neugierig machen und erkennen lassen, wie Verständigung zustande kommt – durch Benennung und Beziehung –, ist von der ersten Stunde an im Spiel gewesen; die letztere wird durch Gesten verdeutlicht und, wie gesagt, durch Symbole repräsentiert. So etwas nennt man Grammatik. Unser Hauptpensum dabei ist: Das Verstehen läßt sich verstehen, also auch das Mißverstehen; Aussage *und* Verständnis können korrigiert, unterstützt, erweitert, vereinfacht werden; Verstehen und Nichtverstehen sind kein Schicksal und keine Selbstverständlichkeit.

– Es gibt umständliche und geraffte Verständigung. Wenn am Freitag in der letzten halben Stunde die römische Sage, später die römische Geschichte dran ist, lege ich meine Erzählung auch auf solche Sinnfiguren an: Hektor und Achill, Odysseus und Ajax, Penthesileia und Kassandra, Helena und Penelope, Äneas und Turnus, Tarquinius und Brutus, Mucius Scaevola

und Coriolan – einfache Bezeichnungen für sehr komplexe Verhältnisse! Wohl allen, denen solche Verständigungsmittel zur Verfügung stehen.
– Die Helden reichen an die Götter heran, die Götter an die großen Rätsel der Welt: Ursprung und Ende, Freiheit und Schicksal, Gerechtigkeit und Macht. Da sitzen wir dann und philosophieren darüber, ob es Götter gibt oder nur Gott oder gar nichts der Art und woher man da seine Gewißheit hat, und über Unsterblichkeit und Naturgesetz und Sinn des Lebens. Sie sind zehn Jahre alt und wollen für alles Beweise. Sie ihnen geben oder mit Gründen verweigern und ihnen das Nachplappern verleiden – das ist jetzt dran. Für Theologie sind sie nicht reif. Aber unerörtert darf dies alles nicht bleiben. Erwachsene, die vom möglichen Untergang der Welt durch Menschentat reden, denen es angeblich um die Wahrheit zu tun ist, die Wort-Endungen so ernst nehmen, müssen es mit Gedanken-Endungen auch tun.
– Geschichte und Geschichtlichkeit eröffnen hier keinen Ausweg: So waren die eben früher! Wie früh dieses Früher war, ist den Schülern übrigens nicht bekannt. Eine Geschichtstafel, die wir selbst gezeichnet haben, lehrt uns die Abstände und Proportionen sehen. Sie hängt immer da und zeigt den Ablauf der Zeit in einer Linie vom Jahr 2000 v. Chr. bis zum Jahr 2000 n. Chr. Wir tragen auf dieser Linie ab, was uns gerade über den Weg kommt: Luthers Geburtsjahr und den Ausbruch des Vesuv, die Entdeckung Amerikas und die Einführung des Autos. Herkules, den sie gestern leibhaftig im Zweiten Programm gesehen haben, ist irgendwo ganz am Anfang dieser Linie. Über beides, den Film und die Ferne von Zeit und Ort, haben wir gesprochen. Wehe, wenn ich den Film nicht gesehen habe!
– Auch die Landkarte sollte da hängen – hätten wir genug Platz und brauchten wir nicht meist je eine andere. Also holen zwei Schüler sie, wie sie auch Bücher und Lexika holen, und sie lernen: Das gibt es alles und ist uns nicht weniger zugänglich als dem Lehrer.

– Zur Zehnjahresfeier haben wir ein lateinisches Stück aufgeführt. Die Idee des Stückes ist im Unterricht entstanden und beruht auf einem Spiel mit dem lateinischen Wort für »Unterricht«, *ludus*, und dem Namen unserer Schule: LUDUS AUT LABOR? Den Text habe ich geschrieben – bei allem anderen nur geholfen. Als uns nach den Ferien nicht mehr als eine Woche zur Verfügung stand, um aus einem Scriptum ein Bühnenereignis zu machen, sah dies für viele der Schüler sicher nicht weniger unlösbar aus als die Probleme der Welternährung oder der Abrüstung für die Erwachsenen. Planen, einteilen, vereinbaren, verläßlich sein, wiederholen, einander helfen, sich gegenseitig Fehler nachsehen und Versäumtes aufholen – wer das beharrlich und gemeinschaftlich treibt, kann erreichen, was er sich vorgenommen hat. Und wiederum: dies öfter zu erleben, macht stark, mutig, lebenstüchtig.

Ich habe mit alldem nicht sagen wollen, was ich für ein fabelhafter Lehrer bin, sondern mich zum Exempel dafür genommen, daß das geht: selbst bei einem so begrenzten, scheinbar weltabgewandten Unterrichtsgegenstand wie dem Latein, das auch an der auf Integration und Lernen in Sinneinheiten versessenen Laborschule ein isoliertes Fach geblieben ist, läßt sich jenes so einfache wie ehrgeizige Programm erfüllen – ganzheitlich zu lernen, Belehrung durch Erfahrung zu ersetzen, Menschen-stärken und Sachen-klären in einem zu erfüllen. Wieviel mehr gilt das für den Schulgarten und den Schulzoo, für Küche und Werkstätten, für Praktikum und Projekt, für Mitbestimmung und Fahrten in eine andere Umwelt.
Das war ja das Problem: Wie gebe ich den jungen Menschen *Zutrauen* zur Möglichkeit, die Welt zu verstehen, zu verändern, zu verantworten, und *Skepsis* gegenüber dem gewaltigen, sich verselbständigenden, uns entmündigenden, die individuelle Vernunft nicht achtenden Aggregat rationaler Mittel?

13 Lernbedingungen

Wenn ich einen Wandel in der Pädagogik und der Schule am Ausgang des 20. Jahrhunderts einzuleiten hätte – mehr als »Einleitung« kann es in einer Generation nicht sein –, dann würde ich den Lehrern und Erziehern unter dem Motto »Die Menschen stärken und die Sachen klären« die folgenden Lern-Bedingungen vorzeichnen. Es sind 13 – gleichsam als Gegenstück zu den 13 Lern-Zielen, die ich vor 16 Jahren für den Deutschen Bildungsrat aufgestellt habe und die in einer ja schon bestehenden Einrichtung, der Gesamtschule, erfüllt werden sollten.

Die Bezeichnung »Bedingungen« ist blaß und nicht in jedem Fall wirklich zutreffend; ich habe sie in der kecken Hoffnung gewählt, die Lehrer und Erzieher (und also auch Eltern und Lehrmeister) möchten durch sie von der Vorstellung abgebracht werden, die das Wort »Ziel« in uns allen erzeugt und verankert hat: es komme allein darauf an, was man am Ende erreicht – in dieser oder jener Lauf-, Sprung-, Wurf- und sonstigen Treffkunst. Auch die Kunst der Menschen-Trainer wird daran gemessen, ob und wie sicher das gelingt. Aber eine starke und wahrhaftige und gütige Person werden, lernen, mit der Sachwelt verständig umzugehen und gemeinsame Vernunft angesichts der schier hoffnungslos irrationalen Verhältnisse herstellen können, sieht anders aus als diese Leistungen in der Arena. Langsamer kann besser, weniger kann mehr, rationeller kann unvernünftiger sein . . . Der Vergleich läßt sich, wie man sieht, nicht einmal negativ durchhalten. Wie in dem geschilderten Lateinunterricht ist immer alles zugleich ›dran‹, kommt nichts gänzlich zum Ziel, bleibt nichts auf eine Veranstaltung, eine Einrichtung, eine Situation beschränkt, erfüllt sich nicht alles erst an einem Ziel. Vor allem: der Lehrer/Erzieher steht nicht mit der Stoppuhr, dem Meßband an der Ziellinie oder Aufschlagstelle – er vollzieht die Tätigkeit selber mit.

Die »Bedingungen«, von denen ich reden möchte, bestehen manchmal darin, daß ein Problem überhaupt oder in einer bestimmten Weise gesehen wird, manchmal darin, daß man eine Gewohnheit ablegt, eine Bezeichnung ernstnimmt, eine Hoffnung belebt. Meine Lernbedingungen liegen also auf sehr verschiedenen Ebenen. Was sie vereinigt, ist, daß sie den Kategorien den Platz streitig machen, die heute in der Pädagogik wichtig zu sein behaupten: Lehrplan, Fächerkanon, Prüfungsgegenstand, Anspruchsniveau, Kursart (Grund-, Aufbau-, Leistungs-, Wahlkurs), Qualifikation; Berechtigung, die Unterscheidung von reproduktiver und produktiver Leistung, von Wissenschaftsorientierung und Praxisorientierung, von kognitivem, affektivem und sozialem Lernen, von offenen und geschlossenen Curricula und situativem Lernen, aber auch von »Betroffenheit«, »Befindlichkeit«, »alternativem Bewußtsein«.

1. Zuversicht ermöglichen

Eigentlich sind es heute die Kinder, die den Erwachsenen Zuversicht beibringen. Sie haben mehr davon; sie wissen meist noch nicht, welche machtvollen Gründe es für Zweifel und Verzweiflung gibt. Aber erstens: Wer gar keine Zuversicht hat, kann nicht erziehen. Zweitens: Nur wer grundsätzliche Zweifel erfahren hat, kann einen Begriff davon haben, wie man mit ihnen fertigwird, oder doch wenigstens, warum man sie anderen einstweilen ersparen sollte – bis sie ihnen gewachsen sind.
Es wäre falsch, den Kindern Zuversicht vorzumachen. Aber man kann sich in ihrer Gegenwart – mit Verlaub für das alte Kinderstubenwort – ›beherrschen‹, um ihnen nicht die ihre zu nehmen. Zuversicht ist nicht etwas, was sie vom Pädagogen erhalten, sondern etwas, was sie sich bewahren und für sich aufbauen: in erfolgreichen und sinnvollen Handlungen, die sie selber tun. Diese müssen wir ihnen ermöglichen – in

sorgfältig geplanten Stufen.[6] Lehrer reden heute in der Schule viel von Angst: vor dem Krieg, vor dem Verlust des Arbeitsplatzes, vor Verwaltung und Vorgesetzten, vor eigenem Versagen – ohne zu zeigen, wie sie sie bewältigen. Die Schüler lernen schnell die Schutzfunktion des Satzes »Das macht mir Angst«, die Anklagefunktion des Satzes »Du machst mir Angst«. Man hat ihnen damit einen doppelt schlechten Dienst erwiesen: ihre Zuversicht abgewertet und ihrer wahren Angst den glaubwürdigen Ausdruck entzogen.

2. Zeit haben

Die Tatsache, daß der Lehrer für eine meßbare und also bemessene Leistung bezahlt wird und nicht einen Lebensunterhalt bekommt, der ihm ermöglicht, sich seinem Dienst zu widmen, schadet diesem Dienst. Deputat, Stundentafel, Zeit- und Lehrplan geben dem Lehrer ständig das Gefühl, in Zeitnot zu sein. Weil dies dem Berufsleben der anderen entspricht, hält er es für eine realistische Bedingung seines Lehrens: So wird es auch seinen Schülern später gehen, mögen sie sich jetzt schon daran gewöhnen! So gibt er den Geist der Zeitnot an die nächste Generation weiter. Aber all das ist längst Teil einer Täuschung des Systems geworden: gesellschaftliche Arbeit ist knapp; weitere Steigerung der Produktivität pro Zeiteinheit zehrt nicht nur an den Nerven und der Arbeitsfreude derer, die Arbeit haben; sie nimmt denen, die keine haben, die Aussicht, eine zu bekommen. Den Genuß des Zeithabens, die heilsame Wirkung, ja die Macht, die davon ausgeht, dürfen unsere Schulkinder nur in der Geschichte von Momo erfahren. Die Schule verhält sich ohne Not wie ein rationalisierter Produktionsbetrieb, in dem Arbeitszeit der teuerste Faktor ist, die arbeitsteilige Anlage eine strenge Synchronisierung erzwingt und individuelle Abweichungen folglich nur Störungen sein können. Kindern sollten wir eine andere Bewertung und Verwendung der Zeit vorleben und ermöglichen: im Umgang mit den

Aufgaben intensiv, im Umgang mit Menschen großzügig. Zeit verschwenden sollte niemand. Vieles von dem, was wir mit und an Kindern tun, ist just dieses. Und das wiederum lehrt sie, Zeit nicht als etwas Kostbares zu behandeln, sondern sie hinter sich zu bringen, so oft sie ›Zeit spüren‹.

Dem zwanghaften Bedürfnis, keine Zeit zu ›vergeuden‹, ist das Bedürfnis verwandt, sich körperliche Anstrengung – und sei es die geringste – zu ersparen. Auch dieser Geiz geht auf unsere Kosten – auf Kosten unseres Wohlbefindens und des Sinns und Erfolgs unserer Arbeit. Wir verhalten uns so, als seien wir eben aus dem Paradies ausgetrieben worden und wollten die uns dabei auferlegte Strafe so gering halten wie möglich. Auf der anderen Seite rackern wir uns mit Jogging und Aerobic ab. Die physische Mühe könnten wir mühelos ihrer atavistischen Geringschätzung entreißen: selber Papier aufheben, das Klassenrevier in Ordnung halten, die Stühle hochstellen, dem anderen, auch dem Schüler, die Tür aufhalten. Sehr viel größere Mühen gibt es in unseren Schulen ja gar nicht, es sei denn, man hat einen Garten oder eine Werkstatt. Und die dort zu leistende Arbeit sollte vollends Freude bereiten.

Ich bin kein Illusionist. Ich kenne die menschliche Trägheit. Aber es gibt eine Trägheit aus Scham, aus Mangel der Selbstverständlichkeit, aus falscher Einschätzung der Einschätzung der anderen. Von wieviel Apparaten und Diensten werden wir unabhängig, wenn es uns nichts ausmacht, selbst Hand anzulegen!

Pünktlichkeit ist eine hohe Annehmlichkeit, weil und wenn man eine Sache gemeinsam beginnt. Aber nicht jede Sache, die man gemeinsam tut, muß synchron getan werden. An der Laborschule fängt bei den Kleinen der Schultag »irgendwann zwischen 8 und 9 Uhr« an. Die Kinder gehen aus dieser Gewohnheit nicht mit einem laxen, sondern mit einem ökonomischeren Zeitbewußtsein hervor: es ist ja immer *ihre* Zeit, und die nutzen sie, wie es ihnen für sie selbst gut erscheint.

Daß man in der Laborschule die Klingelzeichen abgeschafft hat, hat etwas mit Rousseaus Entschluß gemein, die Uhr abzulegen: es macht die Menschen zu Herren über die Zeit und nicht die Zeit zum Herren über die Menschen.

3. Arbeiten mit Sinn

Daß uns die Arbeit ausgehe, ist ein ebenso wirksames wie unbedachtes Schlagwort. In Wahrheit geht uns die bezahlte Erwerbstätigkeit aus und weder die private Mühe noch der notwendige Dienst für die Gemeinschaft. Die Schule formt die falsche Einteilung für das spätere Leben vor und baut sie gleichzeitig diesem nach: erlaubtes Spiel und geschuldete ›Lernarbeit‹ – das entspricht der erholenden Freizeit und dem anstrengenden, unentrinnbaren Beruf. Für die beiden letzten Glieder braucht man immer Entschuldigungen, die beiden ersten kosten kein Nachdenken: »Geh spielen«, »mach mal Pause«. Aber weder ist die Freizeit nur frei, noch die Berufsarbeit nur Plage, und ›jedes Kind weiß‹, daß das auch in der Schule nicht so ist. Ja, trotz aller Entfremdung der Arbeit ist der gut erfüllte Beruf immer noch die größte Quelle der Befriedigung der Menschen, und eine gut angelegte und gut geleistete Schularbeit macht mehr Freude als in der Cafeteria »herumölen«. Wenn die Schüler doch lieber dieses tun, dann, weil der Unterricht ›gut angelegte Aufgaben‹ *für mich* oder *für dich* meist nicht enthält. Eine Einteilung in *hie* etwas-für-mich-tun (wobei sich wiederum zweckfreie und zweckhafte Tätigkeiten unterscheiden lassen) und *da* etwas-für-die-Gemeinschaft-tun (wobei sich berufliche und politisch-soziale, spezialisierte und unspezialisierte Tätigkeiten unterscheiden lassen) wäre der Notwendigkeit und Wirklichkeit angemessener und könnte uns viele Konflikte und manche Enttäuschung ersparen. Vor allem bekäme sie der Schule gut!

Ich bin nicht zuständig für die volkswirtschaftliche Seite der Sache. Robert Theobalds Guaranteed (Minimal) Income scheint mir so unausweichlich wie die Einführung allgemeiner sozialer Dienste[7] und eine starke Aufwertung der Pflichten, die wir gegenüber der *polis* haben: die Erziehung der Kinder, die Wiederaufnahme der Alten in unsere Gemeinschaft und unsere Tätigkeiten, die außerparlamentarische Erörterung der politischen Fragen, das philosophische Nachdenken über das Gemeinwohl – in der Literatur, im Theater, im Film, in den Bildungsstätten und wissenschaftlichen Einrichtungen.

Eine wirkliche ›Schule für das Leben‹ ist eine Miniaturausgabe dieser *polis*: Sie hält nicht nur Unterricht und Pausen bereit, sondern die Aufgaben, die man in einer Gemeinschaft hat – Planen, Entscheiden, Kontrollieren; das Haus in Ordnung bringen, verschönern, verändern; Feste, Versammlungen, Beratungen; für sich sein, im Gespann arbeiten, in arbeitsteiligen Verbänden wirken ... Die Schule muß sich diese Aufgaben zu eigen machen. Sie sind definiert dadurch, daß sie sich durch die in der Schule vorhandenen Menschen erfüllen und abschließen lassen und diesen dienen, ohne denen anderer Menschen zu schaden. Nur wenn man das erfahren hat, kann man später auf die Sinnlosigkeit und Entfremdung der Erwerbstätigkeiten mit mehr als Unglück – mit begründeter Veränderung – reagieren.

Wie in der Wirtschaftswelt wird das Arbeitsproblem nicht durch mehr Kollektivität und Standardisierung, sondern nur durch mehr Individualisierung und Autonomie der Einrichtungen zu haben sein. Darum:

4. Die angemessene Größenordnung finden

»Small is beautiful« war eine mitreißende Kampfansage an die künstlichen Ungeheuer, die wir uns überall gemacht haben: Monstre-Städte, Monstre-Universitäten, Monstre-Schulen, Monstre-Fabriken, Monstre-Bürohäuser, Monstre-Stadien ... Aber wenn wir daraufhin kopflos in die Idyllen zurückeilten, würden wir bald Verhältnisse haben, in denen

ein rigoroses napoleonisches Zentralreglement als Wohltat erscheint.
Die Einheiten, in denen wir etwas tun, müssen zu dem passen, was wir da tun. Und das ist in erster Linie verschieden. Über das, was angemessen ist, sollte der Sachverständige und Sachwalter zusammen mit den Betroffenen befinden. In der Schule sind es die Lehrer, die Schüler und deren Eltern. Lassen diese zu, daß alle Tätigkeiten in der gleichen Ordnung – im Klassenverband von 25 bis 30 Schülern und in standardisierten 45-Minuten-Stunden – geschehen, darf es sie nicht wundern, wenn die Einheiten (Klassen) bei Bedarf bis zu 200 addiert und bei entfallendem Bedarf wieder kassiert werden. Die Pädagogik hat dann den ökonomischen Zwecken der Verwaltung offenkundig nichts Ernstes, aus ihrem Zweck Herleitbares entgegenzusetzen. Die Lehrerverbände haben wacker für kleinere Klassen gestritten, aber nie, wenn ich es recht sehe, für die Variabilität, also für die Angemessenheit der Größe, für das grundlegende pädagogische Prinzip. Auch die Variabilität hat natürlich ihre Grenzen in der pädagogischen Aufgabe, die Stetigkeit verlangt, aber eben nicht nur diese.
Es spricht im übrigen vieles dafür, daß kleinere Menschen in kleineren Einheiten leben, lernen, arbeiten sollten. Zehn Jahre Laborschule haben uns *eine* Gewißheit jenseits allen Zweifels erbracht: daß sich drei Viertel aller pädagogischen und didaktischen Probleme, die der Schule sonst schwer zu schaffen machen, in Gruppen unter 20 Kindern lösen lassen. Mit 15 Schülern ginge es noch besser, könnte Pädagogik weitgehend der individuelle Vorgang sein, der sie ihrer Natur nach weitgehend ist. In Gruppen mit über 20 Schülern beginnt allmählich das Militär.

5. »A place to grow up in«

Das ist ein Zitat von Paul Goodman: das fehle den Kindern in unserer Welt und das solle Schule in erster Linie sein. (Hier wird deutlicher als an den voraufgehenden Abschnitten, was es bedeutet, wenn man sich von den Lern*zielen* zu den Lern*bedingungen* wendet, die der Erzieher schaffen oder darstellen oder doch im Sinn haben soll.) »Die Schule als Erfahrungsraum« ist ein alter Hentig-Kampfruf. Die Tücken dieser Idee habe ich nie unterschlagen; sie sind mir, seit es die Laborschule gibt, noch deutlicher geworden: Dieser kunstvoll angereicherte, sinnvoll ausgewählte, menschlich befriedete Erfahrungsraum kann leicht zum Schonraum für die Insassen – Lehrer wie Schüler – werden und zum Alibi für die Gesellschaft: zum Vorwand für die Eltern, die Bürger, die Geschäftsleute, die Verkehrsteilnehmer, so zu bleiben, wie sie sind, und die Stadt, die Straßen, die Wohnungen nicht in einen »place to grow up in« zu verwandeln. Und eine Schule bleibt dieser »Erfahrungsraum« doch!

Aber das wiederum darf den Pädagogen nicht zum Vorwand werden, die Schule ausschließlich als Lernort anzusehen und zu betreiben. Die erste Voraussetzung dafür, daß sie zu einem ›Lebensort‹ wird, in dem man dann um so besser lernt, ist, daß sich die Lehrer selber dort aufhalten – über ihren Unterricht hinaus. Wenn sie das tun, werden sie die Schule auch verändern. Daß nicht alle Schulen über einen Zoo oder einen Schulgarten oder einen Wagenpark mit Reparaturwerkstatt verfügen können (ja nicht einmal über Büros wie das meiner Sekretärin, in dem meine Schüler nicht nur sehen, wie ein ordentliches Schriftstück entsteht, sondern wo sie neben einfachen Hilfsmitteln – Lochern, Heftern, Matrizen – auch Common-sense-Rat eines Menschen bekommen, der nicht Pädagoge ist), heißt nicht, daß diese Forderung nach dem Lebensort utopisch und damit hinfällig sei. Sehr vieles, was wir in Schulen für das Leben lernen, ist vornehmlich an Menschen zu lernen: an Menschen, die lernen. Wo die Schulen nicht so gebaut sind, daß in ihnen ›Arbeiten mit Sinn‹ und ›Erfahrungen mit dem Leben‹ statthaben, kann und sollte ihre erste Gemeinschaftsaufgabe der allmähliche Umbau sein.

6. In gemeinsame Regeln des Handelns einführen

In unseren Stundentafeln gibt es ein großes Gedrängel: Neue Fächer, neue Gegenstände, neue Themen wollen – stetig und möglichst bis zum Abschluß – berücksichtigt sein, und die alten wollen nicht weichen. Für die Mittelstufe weiß ich da eine Entlastung, und zwar *zugunsten* der Sache, deren Stundenzahl ich auf dem Plan zu verringern vorschlage: Die Aufklärung und Hilfe, die die Sozialwissenschaften dem aufwachsenden Menschen geben können, sollten bis zur Pubertät mehr dem ›reflektierten Umgang‹ überantwortet werden als einem ›systematischen Unterricht‹. Man macht Regeln, man befolgt sie oder befolgt sie nicht (weil sie die Erleichterung, den Schutz, die Gerechtigkeit nicht schaffen, die sie zu schaffen versprechen). Schon ist man mitten im Problem und hat alle wünschbare Anschauung, ›Motivation‹, Konkretion. Eines besonderen Unterrichts bedarf es nicht, um daraus eine nachhaltige ›Belehrung‹ zu machen. Das leistet jeder Lehrer, bei dem ein regelungsbedürftiges Problem anfällt. Dies hieß früher »Politik als Unterrichtsprinzip« (statt als Unterrichtsgegenstand). Die plausiblen Argumente, die man dafür aufgebracht hat, waren nicht falsch, aber die beamtete, ausschließlich innerhalb ihrer ›Lehrkompetenz‹ unterrichtende Lehrerschaft war dafür nicht zu gewinnen. Wäre nach dem kargen Ergebnis der heutigen Sozialkunde und angesichts der Gründe für *erfahrene* Politik auf ein Umdenken zu hoffen?
Als ich vor 15 Jahren zusammen mit anderen Bielefelder Kollegen Ronald Lippitts »Social Science Laboratory Units« für Zehnjährige übersetzt und adaptiert habe, stellte sich in der Erprobung heraus, daß sie erst bei den Zwölfjährigen zu greifen beginnen, ganz gleich, wie sehr man die Theorien vereinfacht. Den sinnvollsten Gebrauch von diesem ›Kindercurriculum‹ habe ich in Universitätsseminaren gemacht.
Die Einsicht in das, was gemeinsame Regeln des Handelns sind und leisten, sollte aus diesem selber kommen. Für die Schüler der meisten deutschen Schulen sind solche Regeln

erst etwas von der Schulobrigkeit Auferlegtes und dann in der Staatstheorie Begründetes – sie sind nicht ihre eigene Angelegenheit. Das werden sie immer erst in der Rebellion.

7. In gemeinsame Formen des Erkennens einführen

Die wichtigste lebensvorbereitende Aufgabe der Schule ist es, ›Verstehen‹ zu lehren, wozu Wissen und Denken in einem nicht unbeträchtlichen Maß gehören. ›Verstehen‹ ist eine besondere Art von Erkenntnis, eine sokratische, die nämlich die Gründe für das Erkannte weiß. Zur Wissenschaft wird dies, wenn man gemeinverständliche, nachvollziehbare und also überprüfbare Rechenschaft davon ablegt, wie diese Erkenntnis zustande gekommen ist.

Unsere Wissenschaft hat daraus ein großes, auf alle Gegenstände ausgedehntes System gemacht – aber ihr Prinzip erfüllt sie nur im Ganzen, nicht in den einzelnen Akten. Ja, in diesen ist das Bewußtsein vom Prinzip längst dem Methodenregiment zum Opfer gefallen.

In der Demokratie, die auf Verständigung, und in der technischen Zivilisation, die auf Wissenschaft angewiesen ist, bereitet Schule immer auch auf diese vor. Die ›Wissenschaftsorientierung‹ der Schule müßte heißen: Jedes Kind in diesem Prinzip einüben – auf seiner jeweiligen Entwicklungsstufe an seinen jeweiligen Gegenständen. Dies ist etwas anderes als die falsche Devise: Nur was die Wissenschaft sagt, ist wahr, und nur das darf gelehrt werden. Eine solche Maxime würde sie zu jeglicher Bildung und Erziehung untauglich machen – allem voran für die Erziehung zur Wissenschaft.

Es gibt auch andere Formen gemeinsamen Erkennens, aber mit einem anderen Grad von Gewißheit und zu anderen Zwecken der Verwendung. Für unsere Demokratie ist das Prinzip der Wissenschaft eine unentbehrliche Hilfe, gerade weil es die anderen Formen von Wissen auch gibt und wir sie in unserem *contrat social* zu respektieren gelobt haben. Wissenschaft ermöglicht eine neutrale Verständigung, die den

Ernst oder die Eigenart der anderen Erkenntnisformen nicht angreift.
Für die Lehrer bedeutet dies: daß sie die Wissenschaft, die sie an der Universität gelernt und getrieben haben, an der Schule umwandeln müssen – aus dem schon erfolgreichen Instrument einer spezifischen Erkenntnisgewinnung zu einem Anlaß, dieses mit Neugier und eigenen Mitteln zu rekonstruieren.

8. Mit der Ungleichheit leben

Mir ist bewußt, wie anstößig die Formel ist – nach allem, was seit 20 Jahren gedacht, gefordert, gekämpft worden ist, um »gesellschaftlich bedingte«, also unverschuldete Nachteile junger Menschen wenigstens in der Schule nicht zu vermehren und zu befestigen. Dies ist nach wie vor ein unerfülltes und wichtiges Ziel. Aber die Vorstellungen von den Mitteln, die zu seiner Erreichung führen, sind verschieden – unter den alten Reformern mindestens so verschieden wie zwischen ihnen und denen, die immer für Eliten und gegen Chancengleichheit waren. Ja, *gegen* Chancengleichheit: Sie mußten »Chancengerechtigkeit« daraus machen; sie mochten nicht hinnehmen, daß die Funktions-, Neigungs-, Persönlichkeits-, Verantwortungsunterschiede in dem formalen Wort »Chance« mit untergebracht sind. Sie haben die Reformer hartnäckig der Absicht verdächtigt, alle gleichmachen zu wollen.
Die Gesamtschulen sind inzwischen längst zu – oft sehr drastischen – Formen äußerer Trennung (= Differenzierung) übergegangen: zu einer Aufteilung der Schüler vom Jahrgang 5 an in wenigstens zwei, möglichst drei Leistungsniveaus in den Fächern Deutsch, Englisch, Mathematik; zu einer Trennung nach Abschlüssen in den letzten vier oder zwei Jahren der Sekundarstufe I, und zwar durch die Belegung der Wahlpflichtfächer; und zu einer unterschiedlichen Bewertung (entweder durch Anwendung unterschiedlicher

Bewertungsmaßstäbe für die drei Abschlußarten oder durch Anwendung der gleichen Bewertungsmaßstäbe mit der Folge, daß ein ›Hauptschulabschluß‹ von einer Gesamtschule nur schlechte Noten haben kann; dadurch ist er definiert).
Die in Konkurrenz zum dreigliedrigen System angesetzte Gesamtschule kann offenbar nur schlecht mit den in ihr versammelten Unterschieden zurechtkommen. Die Laborschule kann es noch. Das liegt nur zum Teil an der uns eingeräumten anderen Beurteilungsform. Es liegt vor allem daran, daß wir entschlossen sind, einen individualisierenden Unterricht zu halten, einen, der Unterschiede auch da aushält, wo sie unbequem sind – mit der Folge, daß uns mehr Ausgleich gelingt als anderen. Möglicherweise auf Kosten des einen oder anderen für Mathematik oder Sprachen Begabten.
Wohlgemerkt: es ist niemandes Absicht, die Starken dem Prinzip der Förderung der Schwächeren zu opfern. Aber noch vermag mich nichts von der Überzeugung abzubringen, daß in kleinen Gruppen von 15 bis 20 Schülern beide zu ihrem Recht kommen können, auch nicht die Erfahrungen mit meinem eigenen Lateinunterricht; ja, gerade aus ihm weiß ich, daß, wenn es nicht gelingt, es am Lehrer, an mir liegt. Nach der Pubertät, nach dem 15. Lebensjahr, nach der Sekundarstufe I treten andere Gesetze ein.
Zu gleichen Laufbahnen führt unsere Praxis nicht, wohl aber zur gleichen Chance – im Singular, nämlich gemessen an der Möglichkeit des Kindes. Die gegliederte, offene, bewegliche Gesellschaft, die wir ja haben wollen, ist reicher durch die Unterschiede ihrer Mitglieder. In ihr gibt es vielfältige Aufgaben zu erfüllen. Sie wird, ob sie will oder nicht, führende Minderheiten haben (es gehört zur Bedeutung des Wortes »führen«, daß wir es nicht gebrauchen, wenn viele den wenigen vorangehen!), und wer nicht auszuhalten gelernt hat, daß/ wenn er zu den weniger herausgehobenen großen Gruppen gehört, der kann in der modernen Industrie-Demokratie so wenig glücklich werden wie der, der sich immer von den Ansprüchen der Mehrheit bedroht sieht.

Wo könnte man besser erfahren, was es heißt, verschieden und doch wichtig, in der Minderheit und doch nicht im Abseits, in der Mehrheit und doch nicht die Norm zu sein, als in einer kleinen Gemeinschaft, deren Lebensordnungen jeweilig und vorläufig sind, weil man durch sie hindurchwächst?

9. Mit dem Körper leben

Dies ist nicht eine kürzere Variante des Lernziels, das ich 1968 in der Formel untergebracht habe »Das Leben mit dem eigenen Körper«. Die Betonung liegt diesmal auf dem Wort »mit«, also: *mit* dem Körper, nicht *gegen* ihn leben. Dieses Gesetz sollten Erwachsene und Kinder gleichermaßen befolgen. Aber es hat für sie je einen anderen Inhalt.
Nehmen wir das Bedürfnis nach körperlicher Bewegung. Kleine Kinder müssen umherlaufen dürfen; Bewegung ist ihr Element. Ruhe ist für sie Noch-nicht-Bewegung oder Nicht-mehr-Bewegung, Kraftschöpfen dafür oder Ausruhen danach – kein sich selbst gehörender Zustand wie für den Erwachsenen. Die Vorstellung: in der Schule mögen die Schüler stillsitzen, haben sie doch danach, draußen, zu Hause, Zeit und Gelegenheit genug, sich auszutoben – ist falsch. In der Wohnung ist das Laufen unmöglich (und natürlich verboten); der Weg dorthin wird im Auto sitzend oder im Bus stehend zurückgelegt; auch in die Natur wird gefahren. Will die Schule das alles nicht verschlimmern, muß sie den Kindern Bewegung erlauben, ja, sie muß sie ihnen abfordern, wo sie schon so deformiert sind, daß ihnen das Still-(und Krumm-)Sitzen behagt. Und weil unsere Architektur, unsere Möbel, die Gegenstände unserer Industriekultur unsere Bewegungsabläufe bahnen, verwinkeln, verformen, muß sie bestimmte ausgleichende, harmonisierende, geradezu gegenläufige Bewegungen verlangen. Wie anders sieht unser Schulsport meist aus! – wie die Fortsetzung der Verkehrs-, Kraft-, Produktionsmechanismen der technischen Zivilisation!

Weil die gebaute Schule und die in ihr waltenden Regeln selber falsches körperliches Verhalten verschuldet, ist sie besonders verpflichtet, daran etwas zu ändern. Die Schulen werden wir nicht gleich alle umbauen können. Aber wir können zulassen, was zugelassen werden muß. Es ist unvernünftig zu erwarten, daß das Kind aus Vernunft stillsitzt. Es ist unvernünftig, ein so elementares, im übrigen erklärbares Bedürfnis der Kinder wie das nach körperlicher Bewegung dem Zweck rationeller Belehrung unterzuordnen – seit die Schule nicht mehr in erster Linie Unterrichtsanstalt, sondern ein Aufenthaltsort für Kinder, »a place to grow up in«, geworden ist. Es ist umgekehrt vernünftig, aufgeklärt, zu erproben, was passiert, wenn man Bewegung gestattet, und welcher Regeln, Einteilungen, Veränderungen es bedarf, um den verschiedenen Bedürfnissen ihr Recht zu verschaffen.
Die Unterdrückung von Bewegung ist ein auffälliges Beispiel für ein Leben gegen den Körper, ebenso das Fehlen von Zonen und Zeiten der Ruhe, die hastige Einnahme obendrein falscher Ernährung, eine den Apparaten und Tarifgesetzen folgende Zeiteinteilung usw. Dies alles wird die Schule nicht ändern können und sollte sich das auch nicht vornehmen. Sie kann es bewußt machen und soll es, aber nicht in der Form eines ›Ohnmachtscurriculums‹, das nur darüber belehrt, was alles falsch ist und nicht sagt, wie wir, du und ich, es von heut an besser machen können.

10. Die Medien dienstbar halten

Wir sind im Begriff, die Medien, die vermittelnden Mittel, zu Zwecken zu machen. Die sogenannten Neuen Medien, die elektronische Datenverarbeitung und Telekommunikation sind ein Musterbeispiel für das, was Ivan Illich ein »radikales Monopol« nennt: etwas, was weit über seine eigene Funktion hinaus einen ausschließenden Zwang ausübt. Ein solches »radikales Monopol« ist beispielsweise das Auto: es beherrscht nicht nur den Verkehr (was auch schon falsch ist),

sondern unsere gesamte Lebensweise. Der Bildschirm wird, sind wir erst einmal verkabelt, zahlreiche und zu unserem gewohnten Leben gehörende Erscheinungen verdrängen und, was von diesen übrigbleibt, so teuer machen, daß es nur wenigen zugänglich ist. Hier ist neben politischer Gegenwehr vor allem eine andere Einstellung der Erwachsenen geboten. Wir nehmen die Neuen Medien zu ernst, weil wir sie nicht verstehen. Wir erwarten uns von ihnen die entscheidende Fortsetzung des Fortschritts oder wir verteufeln sie. Beides ist nicht berechtigt. Berechtigt ist die Sorge der Kritiker, die unheilvolle Folgen vorhersehen, wenn die Medien unter dem Vorzeichen des Heils eingeführt werden und sich niemand auf ihre Nebenwirkungen vorbereitet, berechtigt die Kritik, sie führten die alte Polymathie wieder ein: Wissen in der Form addierter Daten statt als Mittel der geistigen Ordnung.
Die Neuen Medien werden wir wohl nicht aufhalten können. Das Verschwinden der Wirklichkeit aber können wir aufhalten – indem wir die Apparate ausschließlich zu ihrem definierten Zweck benutzen: Daten zu speichern, zu kombinieren, zu vermitteln. Wo sie in der Wissenschaft und Verwaltung, zur Unterrichtung oder Unterhaltung, also bei der Lösung bestimmter Probleme benutzt werden, muß man in erster Linie das jeweilige Problem genau verstehen. Je mehr Daten man in seine Lösung einbezieht, um so mehr muß man vorher gedacht haben, und um so mehr hat man nachher zu überprüfen und zu berücksichtigen. Wer das nicht tut, verhält sich wie der Zauberlehrling. Einfach der ›Entlastung‹ dienen die Neuen Medien bestimmt nicht.

11. Für die Kinder erwachsen sein

Die Schule, die öffentliche Erziehung, ist ohnmächtig ohne die Familie – Vater, Mutter, ältere und jüngere Geschwister – der ihnen anvertrauten Schüler. Frühere Generationen hatten es schwer, Kind zu sein, weil die Großen nur erwachsen sein wollten und konnten. Unsere Kinder haben es schwer, erwachsen zu werden, weil die Großen so oft ihre Erwachsenenrolle nicht annehmen. Das hat vielfältige Gründe, die zu einem großen Teil von der Wissenschaft, der Gesellschafts- und Familienpolitik nicht zu erreichen sind – und auch nicht von der Pädagogik. Eine veränderte Einstellung der Menschen kann helfen, und die müssen sie sich selber zulegen oder abringen. Ich stelle mir vor:

- Die wichtigste Aufgabe von Eltern, nicht weniger wichtig, als ihr Kind zu schützen und es zu versorgen, ist, ihnen die Möglichkeit des guten Lebens vorzuleben. Das ist etwas anderes, als Vorbild zu sein. Wohl dem, der es ist, aber wer daraus eine Pflicht macht, zerstört dessen Wirkung.
- Eltern müssen als Erwachsene für die Welt einstehen. Daß sie persönlich nicht an deren Zustand schuld sind, entbindet sie hiervon nicht. Anklage allein ist schlechte Pädagogik. Kritik an den Verhältnissen kann pädagogisch nützlich werden, wenn man nicht nur weiß und sagt, wie es besser werden kann, sondern den Weg selber schon beschreitet.
- Die Verantwortung der Eltern für die Kinder ist selbstverständlich. Eine besondere Dankbarkeit ist gut – köstlich vor allem für den, der sie empfindet. Wird sie gefordert, ist sie schon halb gelähmt. Vater und Mutter, aber auch Erzieher sein ist ohne Großmut nicht möglich.
- In den frühen Jahren der Kinder sollte der Vater wirklich Vater, die Mutter wirklich Mutter sein: stärker, klüger, unerschrockener, sicherer, um später den Kindern wirklich Freund sein zu können: verständnisvoll, nachsichtig, Zumutungen machend und Freiheit gewährend.
- Eine Kollegin von mir fordert vom Lehrer und Erzieher, daß er für die Kinder unter anderem so etwas wie eine ›Wand‹ sei: Rückendeckung, Schutz, Widerstand. Das gilt auch für die Eltern. Eine andere Kollegin hat mit ihrem Mann ausgemacht: Wenn du mit einem unserer Kinder zornig sein mußt, werde ich gütig und verständnisvoll mit

ihm sein – und umgekehrt. Das gestrauchelte, ausgebrochene, sich verrennende Kind muß zurückkehren können. Familien sind vor allem eine Notgemeinschaft.
– Erwachsene räumen auf, was Kinder in Unordnung bringen. Da ist die Bilanz immer unausgeglichen. Später werden diese das gleiche für ihre Kinder tun, nein: nicht für sie, sondern für ihre eigene Welt aus Anlaß der Kinder.

Erwachsen werden ist ein schwieriger Vorgang, aber nicht ohne Lust. Erwachsen sein ist kein irgendwann und irgendwie erreichter Zustand, es ist eine Pflicht gegenüber denen, die es noch nicht sind.

12. Dem ›Therapismus‹ widerstehen

Eine der schlimmsten Verführungen in unserer bedrohlichen und bedrohten Welt ist der uns allenthalben angebotene Status des Patienten. Die Schwierigkeiten sind zu groß für uns, wir fühlen uns überfordert und suchen nicht etwa jemanden, der uns stärkt, sondern jemanden, der uns behandelt. Wir überantworten unser Versagen einem anderen, der uns in der Regel bestätigt, unsere Schwäche sei durch dieses und jenes Erlebnis verschuldet. Aus Sachproblemen werden Beziehungsprobleme gemacht. Wir lassen uns moralisch ent-schuldigen.

Der moderne Therapismus verspricht Heilung um den Preis, daß man sich für krank erklärt. Dieses Verfahren vermehrt nicht nur die Untüchtigkeit der einzelnen. Es ist die Negation der Politik. Dies sagt nichts gegen Menschen, die den Psychiater aufsuchen. Es macht nur deutlich, was sie hierfür zahlen. Ein menschenstärkendes *Prinzip* ist die Psychotherapie nicht; sie ist eine Nothilfe.

13. Kinder in Ruhe lassen – eher weniger tun als mehr

Diese Erkenntnis ist eine Frucht des Älterwerdens. Den meisten Vätern und Müttern kommt sie von allein. Öffentliche Erzieher, Berufspädagogen haben es da schwerer. Ihre Routine nimmt mit den Jahren zu und mit ihr die Vorstellung, was sie tun, sei unentbehrlich. Ich mißtraue in meinen ehrlicheren Stunden meiner eigenen pädagogischen Umständlichkeit und spüre, wie viel des Aufwands nur dem Nachlassen der eigenen Nervenkraft entspringt. Die Laborschule hilft mir dabei und hindert mich zugleich: Ich darf gelassener sein, weil es alle sind; ich muß bewußter fordern, weil so wenige andere es tun. Aber ich sehe täglich, daß die Kinder ohne uns sehr gut zurechtkommen, wenn die allgemeinen Ordnungen stimmen. Sie fühlen sich nicht bedrängt und werden zugleich friedlicher und tüchtiger.

Aus meinem Fenster blickend sehe ich fünf Jungen, die auf dem Spielplatz der Schule vor dem begrünten Wall Händevoll Sand in die Luft schleudern. Niederfallend bildet sich um den auseinanderstiebenden Kern ein sanfter, von der Vormittagssonne durchleuchteter Staubschleier. Das ist ein schönes Bild, und die Kinder sind sich dessen bewußt: sie variieren den Rhythmus und die Figuren, werfen waagerecht oder senkrecht, im Rundlauf oder sich um die eigene Achse drehend, konzentrisch oder exzentrisch. Nach zehn Minuten (zehn Minuten sind lang!) erzeugen sie noch einmal eine gewaltige gemeinsame Fontäne, die nicht anders als auf ihnen selbst niedergehen kann, und laufen dann lachend auseinander und ins Schulhaus zurück. Ich stelle mir vor: Sie sind über und über mit Staub und Sand bedeckt; so gehen sie wieder an ihre Hefte und Bücher; ihre Mütter werden Kleider und Kinder . . . Nein, ich wage gar nicht, alles Weitere auszudenken! Aber ich weiß, ich wäre vor zehn Jahren noch eingeschritten: Solchen Unfug kann man doch nicht dulden!, und ich denke, viele Pädagogen haben diese Regung noch. Ich finde sie heute falsch. Wo man den Kindern diese Erfahrung, dieses Vergnü-

gen, dieses ›Experiment‹ versagt, werden sie schwierige Ersatzhandlungen hervorbringen – trotzige, heimliche, böse. Wer sich darüber wundert, daß die Kinder an der Laborschule so friedlich sind – hier ist eine der Erklärungen.
In die voll durchgeordnete Welt werden die Kinder nicht ohne Einbuße hineinwachsen. Wir müssen ihnen helfen, die Schmerzen der Unterordnung durch die Freuden des Angenommenseins zu mildern. Aber wir dürfen die Verregelung des Lebens nicht total vorwegnehmen, dann haben die Regeln keinen Sinn mehr: dann werden sie zur unverstandenen Eigenschaft der Welt. Aus Ordnung wird Zwang. Man lese noch einmal nach, was der hellsichtige Rousseau über die Chance der Menschheit gesagt hat, die darin liegt, daß sie unvernünftig beginnt: sie macht sich die Vernunft zu eigen.

Die 13 Lernbedingungen sind nicht ohne eine gemeinsame Voraussetzung zu erfüllen: Die Lehrer, die Schulen insgesamt und jede für sich müssen aus der – seit Jahrhunderten eingespielten und heute mehr durch Systemzwang als durch sachliche Notwendigkeit oder Herrschsucht der Regierenden vervollkommneten – Gängelung entlassen werden. Wenn wir den Lehrern und Schulen nicht ein erheblich höheres Maß an Selbstverantwortung einräumen, werden sie das Gegenteil von dem hervorbringen, was sie sollen und wollen – und was die Menschheit braucht: angepaßte und darum nicht mehr anpassungsfähige, zwischen rationaler Abrichtung und emotionaler Auflehnung, zwischen kollektiver Funktionalität und individueller Apolitie, zwischen Wissenschaftshörigkeit und Wissenschaftshaß hin- und herwechselnde ›Zeitgenossen‹ – Weltbürger im Schrebergarten, manipulierbare Chaoten und apathische Dauernörgler.
Mehr Autonomie heißt nicht weniger Rechenschaftspflicht – im Gegenteil. *Public control* ist an freien Schulen größer als an zentralverwalteten standardisierten Regelinstitutionen, Kadettenanstalten, Ordensschulen. Die Bürger haben dann

wieder Grund, sich um das zu kümmern, was in den Schulen vor sich geht. Das Gesetz sichert, was es soll: den öffentlichen Anspruch, nicht die Verwaltbarkeit, die Störungsfreiheit, die Gerichtsfähigkeit der Vorgänge. Die Wissenschaft kann ihre kritische, öffnende, inspirierende Funktion wieder wahrnehmen – nicht nur die statistische Verteilung genormter Faktoren erheben und das *input-output*-Verhältnis von Institutionen analysieren, sondern deren Folgerichtigkeit gemessen an ihren eigenen Zwecken überprüfen, nicht nur abstrakte Personengruppen vergleichen, sondern einzelne und Gemeinschaft durch Selbst- und Sach-Erkenntnis herausfordern.

Wir müssen die Sachen, die Verhältnisse verstehen, wenn wir sie beherrschen wollen. Sie beherrschen wollen verlangt gemeinsame Ziele und kostet Kraft. Beides wird uns nicht von außerhalb der gemeinsamen Erfahrung zuteil. Wir brauchen darum, das war meine These, eine Neue Aufklärung, welche die dem Verstand erkennbaren unverständigen Teile unseres Menschseins berücksichtigt. Nur dann können wir als einzelne und als Gemeinschaften den Entwicklungen gewachsen sein, die wir kollektiv verursachen.

Anmerkungen

1 Die Deutsche Gesellschaft für Gynäkologie hält sich für befugt, festzustellen, daß die »außerkörperliche Befruchtung [. . .] eine ethisch vertretbare Methode« sei (*Frankfurter Allgemeine Zeitung* vom 16. November 1984). Inwiefern macht ihr medizinisches Spezialwissen sie für die moralische Entscheidung kompetent?

2 Wie sich unsere »Anschauung« davon und unsere Einstellung dazu in den letzten 25 Jahren gewandelt hat, zeigt ein Vergleich mit dem Film *Das letzte Ufer* aus dem Jahre 1959: Australien hat den Atomkrieg überlebt und gibt sich mit Hilfe einer staatlich verteilten Pille rechtzeitig vor der eintretenden Strahlenseuche einen vernünftigen, sanften, rührenden Tod.

3 Könnten wir am »Afrika-Tag« sonst 100 Millionen Mark spenden? [Nachträgliche Anmerkung.]

4 Die überzeugendste Veranschaulichung des Versagens rationaler Erklärungen und Urteile angesichts eines Gegenstandes, dessen »Bedingungen« die Urteilenden nicht sehen (die darum deren Vernünftigkeit nicht erkennen), finde ich bei Marvin Harris: *Cows, Pigs, Wars, and Witches. The Riddles of Culture*, zumal in dessen Abhandlung über die »Allmutter Kuh«; gemeint ist die indische Kuh, deren Heilighaltung für den westlichen Agronomen und Ökonomen unsinnig, menschenfeindlich ist, für den wahren Kenner des indischen Lebens aber ein unerläßliches Überlebensmittel auf diesem Subkontinent.

5 Diese Verirrung in die Abstraktion ist nicht auf die Theoretiker beschränkt. In *betrifft: erziehung* 8–9 (1984) schreibt ein Lehrer: »Frieden als politische Notwendigkeit muß seine Konsequenzen in einer kritisch-politischen Pädagogik finden und muß zum konstitutiven Leitbegriff nicht nur der Erziehungswissenschaft, sondern auch der Erziehung an sich werden« (S. 4).

6 Diese Stufen können hier nicht beschrieben werden. Sie sind als Grundmerkmale in die Laborschule eingetragen, in den Gründungsschriften und im sogenannten Strukturplan begründet und an einigen Stellen (insbesondere beim Übergang von Stufe I zu Stufe II) an der Wirklichkeit der Laborschule mühelos ablesbar.

7 In der Bundesrepublik gibt es fast zwei Millionen »Hochbetagte« über 80 Jahre!

TEIL III

Über die Schwierigkeit, eine Gesellschaft aufzuklären, die sich für aufgeklärt hält (1973)

Wer ankündigt, er werde »über die Schwierigkeiten beim Aufklären einer Gesellschaft« reden, »die sich für aufgeklärt hält«, der muß sich nicht wundern, wenn er ein skeptisches, womöglich gereiztes und am Ende schadenfrohes Publikum findet. Noch ehe er beginnt, wird es sich gefragt haben: Welcher Teufel reitet ihn?

- Hat er sich nicht klargemacht, daß sich noch jede Gesellschaft für »aufgeklärt« gehalten hat – in ihrer Weise?
- Wie will er (in einem Vortrag) *mit* all den klugen Gedanken fertig werden, die von Xenophanes bis Immanuel Kant, von den Enzyklopädisten bis zu den Frankfurter Gesellschaftsphilosophen über »Aufklärung« gedacht worden sind, – und wie *ohne* sie?
- Wer zumal ist es, der da aufklären will und sich mit diesem Wunsch nicht nur jene Schwierigkeiten macht, von denen geredet werden soll, sondern sich auch über die anderen, in Täuschung Befangenen erhebt – er selbst ein wahrhaft Aufgeklärter, ein Helfer des Weltgeists, ein Werkzeug der Vernunft? – Und endlich:
- Was hat das alles mit der Kinderfeindlichkeit in der Bundesrepublik zu tun – dem Thema unserer Tagung?

Nun, wie man sieht, habe ich mir – als ich vor meinem leeren Blatt saß – diese Fragen auch gestellt: als rhetorische zunächst. Dann bin ich neugierig geworden, wie man sie wohl beantworten könnte – was aus Rhetorik wird, wenn man sie beim Wort nimmt. Und schließlich habe ich aus ihnen Gliederung und Substanz meines Vortrags gemacht. Dies tue ich mit gutem Gewissen: Das Thema – mitsamt seinen Schwierigkeiten – ist in einem Gespräch mit Hans Robinsohn geboren worden. Es ging um Aufgabe, Wesen und Wandel der Humanistischen Union. Meine Behauptung war, daß sie es heute schwerer habe als vor 13 Jahren. Was sie sich in ihren Gründungstagen vorgenommen hatte, glaubt heute jede Volkshochschule wahrzunehmen – von Studentenverbänden, Fernsehanstalten, Jusos und *betrifft: erziehung* ganz abgesehen. Zugleich mit der Ausbreitung des Anspruchs hat er an Schärfe verloren: Wer unter Aufklärung wie Ernst Topitsch »die Selbstbehauptung geistiger und damit wenigstens indirekt auch politischer Unabhängigkeit gegen [sic!] die Idole, die intellektuellen [sic!] Götzen der Zeit« versteht, der kann sie auch als »konservative Aufgabe« reklamieren; sich »keine Illusionen über die wahrhaft dämonischen Mächte zu machen, die in den Tiefen der menschlichen Natur lauern«, kann ihm wahre Aufklärung bedeuten, und diese Dämonie für auflösbar und z. B. das spätkapitalistische System für ihren notorischen Erzeuger zu halten, wird ihm zur »Gegenaufklärung« (Topitsch, 1973). Auf der anderen Seite beanspruchen Menschen das Wort »Aufklärung« für eine Schreib- und Redetätigkeit, die so aussieht:

> »Genossen! Es gibt unter uns viele, die nicht wissen, was sie tun sollen. Ja, früher, da hat jeder von uns einmal gegen irgend etwas aufgemuckt, was er als Scheiße erkannte und was als hochgelobter Wert von den anderen umschwänzelt wurde. Aber bis heute haben viele von uns nicht begriffen, daß es nichts, gar nichts Bestehendes gibt, das etwas anderes wäre als Scheiße [. . .]. Wer die Leiden seiner eigenen, als Körper und Psyche ausgegebenen Existenz getrennt von den Leiden der kämpfenden Arbeiter behandelt, der spielt den Herrschenden ihre letzte und wirksamste Waffe in die Hände: nämlich den Kampf der Arbeiterklasse selber als eine gesellschaftliche ›Krankheit‹ zu behandeln. [. . .] Verscharren wir ein für allemal die läppische Hoffnung auf

›Gesundheit‹! Erkennen wir unser wirkliches Interesse: Umwälzung aller bestehenden Verhältnisse!«

Was hier für Kranke gesagt wird, gilt diesen ›Aufklärern‹ in gleicher Weise für Alte, Kinder, Frauen, Gastarbeiter:

»Ist die Fremdbestimmung durch Kapital und den Gott der Kapitalisten erkannt und erledigt, sind alle bisherigen Objekte im dialektischen Prozeß zu Subjekten getrieben, tritt der qualitative Sprung in die neue Identität des Menschen ein.« (*Dokumentation zum Sozialistischen Patientenkollektiv Heidelberg*, S. 12 und 7.)

An die Stelle der »wahrhaftig dämonischen Mächte« im Innern des Menschen sind hier die Abstraktionen, die Wortungeheuer aus einer »gesamtgesellschaftlichen Theorie« getreten und eine fast magische Hoffnung, daß aus »Bewußtmachung« richtiges Handeln, daß aus »notwendiger Aktivität« richtiges Bewußtsein hervorgehe.

Wo steht da die Humanistische Union? Muß sie sich nicht selbst alle jene ›rhetorischen Fragen‹ im Ernst stellen, die ich mir vorgenommen habe? Muß sie nicht achtgeben, daß beide: sie selbst und die anderen, eine sehr deutliche Vorstellung von ihrem Unterschied haben?
In meinen Augen jedenfalls ist die Humanistische Union eine Gruppe von Personen,

- die Aufklärung für einen nicht abschließbaren Prozeß halten, der den Menschen besser als Abrichtung, Indoktrinierung, Einschüchterung, das Zitieren der Verfassung, Gewalt oder die ›schöne Täuschung‹ (das *kalon pseudos* der platonischen Staatsutopie) hilft, mit sich selbst und miteinander zu leben und einigermaßen glücklich zu sein;
- die sich darum auch der Mittel und Verhaltensweisen enthalten, die für jene kennzeichnend sind: Totalität, Einheitlichkeit, Zweifellosigkeit, Ungeduld, Rechthaberei, Wortfetischismus, Auftrumpfen und ›Abwiegeln‹;

- die in erster Linie bemüht sind, selber unter dem Anspruch der Aufklärung zu leben: fragend, zweifelnd, sich selber aufklärend und dadurch den anderen ein Beispiel dafür gebend, wozu man Freiheit, Mündigkeit, ein klares und weites Sichtfeld braucht, die dieses in der Politik, mit den Mitteln der Politik durchzusetzen entschlossen sind und als Gruppe wie als einzelne ihre Kompetenz dazu bereitstellen;
- die die Vernunftfähigkeit der Menschen fest und allgemein voraussetzen, nicht aber schon gleich die Vernunft, und die darum andere nicht schmähen oder verstoßen, wenn sie sie nicht haben oder nicht sofort annehmen;
- die die Vernunft vielmehr ermöglichen wollen und über die Bedingungen ihrer Möglichkeit und die Mühsal ihrer Behauptungen nachdenken;
- die dieses in der Politik, mit den Mitteln der Politik durchzusetzen entschlossen sind und als Gruppe wie als einzelne ihre Kompetenz dazu bereitstellen;
- die das Sich-und-andere-Aufklären für ersprießlicher halten als das Bewußtsein, aufgeklärt zu sein;
- kurz: die die Nachfolge des Sokrates in unserer Gesellschaft angetreten haben, wissend, daß, wenn der Staat, den er mit seinen Gesprächspartnern aus dem aufgeklärten Bewußtsein heraus konstruiert, fertig ist, *ein* Mensch in ihm nicht zu gebrauchen sein wird: der ganz und gar unberechenbare Sokrates!

Ich bin bei meiner ersten Frage:

1. *Welche Gesellschaft hätte sich nicht für aufgeklärt gehalten?*
   Welche hingegen ist die, die ich in meinem Thema meine?

Bei Herodot finden wir folgende aufgeklärte Geschichte:

»Als Dareios König war, ließ er die Griechen, die an seinem Hof waren, zu sich rufen und fragte sie, um welchen

> Preis sie sich bereit finden würden, ihre toten Väter zu verspeisen. Sie erwiderten: Um keinen Preis! Darauf ließ der König Kallatier rufen, einen indischen Volksstamm, bei dem die Leichen der Eltern gegessen werden, und fragte in Gegenwart der Hellenen mit Hilfe eines Dolmetschers, um welchen Preis sie zulassen würden, daß man die Leichen ihrer Väter verbrenne. Sie schrien auf und sagten, er solle nicht so gottlose Dinge sagen. – So steht es mit Vorstellungen und Gebräuchen [dem *nomos*] der Völker, und Pindar hat [so schließt Herodot] meiner Meinung nach ganz recht, wenn er sagt, der *nomos* sei Herr über alles.« (III,38.)

Für den weitgereisten Griechen aus der Seestadt Halikarnassos ist deutlich, daß die vielen Vorstellungen, die sich die Menschen verschiedener Völker und Zeiten vom richtigen Leben und von der Wahrheit machen, ihre Wahrheit und Richtigkeit gegenseitig aufheben: sie erweisen sich als Konvention. Diesen konventionellen Charakter menschlicher Einrichtungen und Anschauungen zu erkennen ist Aufklärung: eine über die einzelnen Lebensformen hinaus gültige Erkenntnis gewinnen, Gründe für sie angeben oder sich der Unbegründetheit bewußt sein.
Aber so hartnäckig Herodot alles mögliche in dieser Welt relativierte und rationalisierte – die Götter und ihren Neid, das Walten von Schicksal und moralischer Weltordnung zu bezweifeln wäre ihm nicht in den Sinn gekommen. Eine Erkenntnis, die das Gesetz von *koros – hybris – ate* (die notwendige Abfolge von Sättigung – Übermut – Verhängnis) aufhebt, hätte er für eine Verdunklung der Welt gehalten und für ganz und gar unnütz. Denn dies war sein Denk-*nomos*: daß Erkenntnis im Wortsinn maß-gebliche Ordnung stiftet. Herodot teilt hier mit aller Aufklärung das Dilemma: daß sie zur Entlarvung der bloß konventionellen Wahrheit einer absoluten bedarf – oder sie muß, wie die radikalen unter den Sophisten, zugeben, daß es keine Wahrheit geben kann. Wozu dann aber Aufklärung?

Augustin geht in seinem Traktat *Über die wahre Religion* davon aus, daß die Vielheit der Meinungen der Philosophen ihre Ferne von der Wahrheit verrate. Ihre Wahrheit können sie – weil sie nur »mit den Augen des Geistes« zu sehen sei und weil unsere physische Existenz mit ihrer sinnlichen Wahrnehmung den Geist beschränke – nicht beweisen. Man folge ihnen darum nicht. Der theoretische Verstand bedürfe einer Hilfe. Wenn nun ein Mann daherkäme, den Gott mit der Kraft ausgestattet hätte, die Menschen auch von der nicht bewiesenen bleibenden Wahrheit zu überzeugen – wäre der nicht, so fragt er den gedachten Gesprächspartner Platon, göttlich zu nennen? Und Platon – der gedachte – gibt ihm dies zu: »Denn Menschen können das nicht.« Ein solcher Mensch aber sei erschienen, sagt Augustin, und zitiert den (platonischen) Anfang des Johannesevangeliums.

Die Figur ist die gleiche wie bei Herodot: Eine über die einzelne Lebensform hinaus gültige Erkenntnis gewinnen – das ist Aufklärung. Ich, Augustin, erhalte sie durch das Evangelium.

In einer Zeit, die von den Zeitgenossen selber als ein »Zeitalter der Aufklärung« empfunden wurde – im 18. Jahrhundert –, hat ein aufgeklärter Augenzeuge anschaulich die Hinrichtung eines Judenmörders mit mannigfachem psychologischem Detail und treffenden gesellschaftskritischen Beobachtungen beschrieben. Unter anderem bemerkt er:

> »Man nimmt nicht zuviel an, wenn man die Menge der Zuschauer auf 6000 Personen setzet, wobei jedoch der ganze Akt ohne die geringste Unordnung und Störung vollzogen wurde. Leider mag es aber auch wahr sein, was mir ein guter Freund versicherte, der seines Berufes wegen vielen Umgang mit dem gemeinen Mann von beiden in diesem Amte geübten Religionen hat und folglich die Denkungsart desselben wissen kann, nämlich: daß sich unter dieser Menge kaum ein Drittel befunden habe, welche die Ermordung des Juden für Sünde geachtet.«

Mitten in diesem Bericht heißt es nun:

> »Als sich [der Zug mit dem Delinquenten] dem Dorfe näherte, so wurde an die Hauptglocke geschlagen, ein dumpfer Schall, der noch, indem ich dies schreibe, in meinen Ohren tönet. Hier wurde nach alter Sitte das hochnotpeinliche Halsgericht mitten im Dorfe unter freiem Himmel gehalten. Auch das kann ich nicht so unnötig finden. Der denkende, menschenliebende Mann bedarf dessen freilich nicht, um überzeugt zu werden, daß die Obrigkeit nicht ohne Ursache zum Tode verdamme. Aber das Volk? Das muß auf eine sinnliche Weise davon überführet werden, daß dieselbe nicht, gleich dem Mörder selbst, aufgebracht oder raubsüchtig würde, sondern nur des allgemeinen Besten willen strafe. Ihm muß auffallend gezeigt werden, wie hoch in ihren Augen das Leben eines Mitgliedes des Gemeinwesens geachtet sei. Je sinnlicher dieser Eindruck, desto stärker und tiefgehender.«[1]

Die rationale Relativierung der Ansichten und Gebräuche der Völker überschritt bei Herodot nicht seine eigene Ansicht vom Sinn wahrer Erkenntnis, nämlich die moralische Weltordnung sichtbar und also befolgbar zu machen.[2]
Die rationale Relativierung der Ansichten der Philosophen durchbrach bei Augustin nicht die neue Heilsgewißheit, deren gedachte Wirkungsweise sich so mühelos in die platonischen Denkfiguren einfügen ließ.
Die rationale Relativierung von Religion, Obrigkeit und Volk beirrte bei dem Aufklärer des 18. Jahrhunderts nicht den Glauben an die staats- und volkspädagogische Funktion des öffentlichen Halsgerichts und seine geradezu unfehlbare Gerechtigkeit.
In allen drei Fällen wurde und konnte nur das als aufgeklärt empfunden werden, was im Horizont des Bewußtseins der Zeit lag; in allen drei Fällen ist zugleich die besondere Funktionsweise der Aufklärung die absolute und peinliche Grenze

weiterer Aufklärung. Aufklärung – ein Prozeß – geht über in Aufgeklärtheit – einen Zustand –, in der ein Ärgernis über die Entzweiung des Geistes und die Absurdität der umgebenden Verhältnisse nicht mehr vernommen wird. Horkheimer/Adorno haben dies in der *Dialektik der Aufklärung* analysiert und kommen zu dem Ergebnis: »Als Organ solcher Anpassung, als bloße Konstruktion von Mitteln ist Aufklärung so destruktiv, wie ihre romantischen Feinde es ihr nachsagen. Sie kommt erst zu sich selbst, wenn sie dem letzten Einverständnis mit diesem absagt, und das falsche Absolute, das Prinzip der blinden Herrschaft, aufzuheben wagt.« (Horkheimer/Adorno, 1969, S. 48.)

Damit bin ich bei der zweiten Frage:

2. *Wie wird man mit der Fülle der Aufklärung über die Aufklärung fertig – und wie ohne sie?*

Man hat die Antwort hierauf immer wieder in einer noch radikaleren Bestimmung der Aufklärung gesucht – *einerseits* im radikalen logischen Positivismus, in einer strengen Festlegung der zulässigen Methoden: die ›Entzauberung‹ der Welt mündet in Protokollsätzen, die empirische Tatsachen logisch abbilden; *andererseits* in einer gegen die Bewußtlosigkeit des Denkens unnachgiebigen Theorie (Horkheimer/Adorno, 1969, S. 48), in einer Parteinahme gegen Unterdrückung: die »Entzauberung« der Welt mündet in gesellschaftliches Handeln, in die praktische Auflösung von Herrschaft.
Beides ist lehrbar und wird mit Eifer gelehrt. Vollziehbar – streng nach dem eigenen Maßstab – ist offenbar weder das eine noch das andere. Die Protokollsätze werden trivial, im doppelten Sinn bedeutungslos. Im Namen der »Abschaffung von Herrschaft« sind die gewaltigsten Imperien entstanden, die es wohl je gegeben hat, und die Aussichtslosigkeit von Revolutionen gegen ganze Lebenssysteme (statt gegen Herrschaft) treibt auch die revolutionären, auf Veränderung der

irrationalen Verhältnisse (nicht nur Vorstellungen) bedachten Aufklärer in die Pathologie. Die heutige Gesellschaft, wo sie sich für aufgeklärt hält, muß sich auf Absichten – oder auf anderes, weniger Eindeutiges berufen.

Ich will versuchen, einige Elemente zusammenzutragen, aus denen sich das Bewußtsein von oder die Hoffnung auf Aufklärung in unserer Gesellschaft zusammensetzt, und bleibe damit absichtlich diesseits der Aufklärungstheorie. Diese brauche ich erst wieder, wenn ich zur dritten Frage komme, die dem Aufklärer gilt.

Die ›Entzauberung‹ der Welt scheint in unserer Gesellschaft geleistet, die großen Dunkelheiten – Weltangst und Götterzorn, Schicksal und Schuld, »der Heuchelei erschlichene Macht« (*Die Zauberflöte*) – sind auseinandergejagt. In dieser Gesellschaft wird frei, kompetent, ausgiebig aufgeklärt:

– über Gott, Götter, Religion, Kirche;
– über Autoritäten, Väter, Regierungen, Lehrer, Vorgesetzte, offene und geheime Hierarchien, Lohnabhängigkeit, Manipulation, Einschüchterung;
– über Sexualität, daß und wie sie zwischen Kleinkind- und Greisenalter, in welchen Richtungen und Spielarten vor sich geht und wie man sie »folgenlos« macht;
– über die Animalität des Menschen und zugleich die Unzuständigkeit der Natur über ihn, über die Grenzen von Erbe und Urausstattung, über das »sogenannte Böse«, das »sogenannte Gute«, das sogenannte Gewissen, den sogenannten freien Willen;
– über die »Schicksalhaftigkeit« von Leid, Not, Krankheit, über die »Unantastbarkeit« von Leib, Leben, Seele in einer Welt mit Geburtenplanung, Intensivstationen, Herztransplantation, bevorstehender Beeinflussung der Gene, Gehirnwäsche und noch immer steigendem Drogen-, Alkohol- und Zigarettenkonsum;
– über die Gesellschaftlichkeit und damit Geschichtlichkeit

unserer Existenzformen, über die Gewordenheit, Vergänglichkeit und Veränderbarkeit des »Systems«, in dem wir leben;
- über die tradierten Werte und Ideale, die Bildung, die Leistung, die Persönlichkeit, die Privatsphäre, Gewalt und Gewaltlosigkeit;
- über Unterschiede, Rassen und Klassen und Abweichler;
- sogar über Fortschritt, Wissenschaftlichkeit, Aufklärung;
- und über den Tod, der banal, notwendig, ohne metaphysische Bedeutung ist, Anlaß für erklärbare Rituale, eine statistische Größe in der Versicherungsmathematik und der Rentenpolitik.

Spätestens hier meldet sich der Einwand: Daß es keine prinzipiellen Tabus für diese Themen gibt, heißt weder, daß sie ›in dieser Gesellschaft‹ angenommen und angeeignet sind, noch daß die Individuen durch solche Aufklärung befreit leben. Der Tod wird weiter gefürchtet; man quält sich mit Trieben herum; man schämt sich wegen mangelnder Leistung; das Gewissen plagt, wenn man dem Bettler nicht gibt, den es nicht geben sollte, und wenn man ihm gibt, so daß es ihn weiter geben kann . . . Ganz abgesehen von den Millionen, die weiter an die Macht des Gottes glauben und nach den Weisungen ihrer Kirche leben, die eine Autorität suchen oder sich auf die Tradition oder die Natur berufen – weil sie die Aufklärung nicht ›wollen‹, weil sie ihnen Angst macht. All diesen gegenüber hat der Aufklärer heute die alten Schwierigkeiten und die eine heilsame neue: daß er ihnen ja nichts Besonderes, nichts Unerhörtes bringt und obendrein für seine didaktischen Mißerfolge keine mächtigen Tabuschranken verantwortlich machen kann.
Den anderen gegenüber, denen, die die Aufklärung nebenbei in der Schule, aus dem Fernsehen, am Bahnhofskiosk aufgelesen haben (und von ihr nicht bewegt werden), erfährt er eine grundsätzlichere Schwierigkeit. Sie stammt nicht nur aus dem Bewußtsein, daß wir ja schon fertig seien mit diesem leidigen

Geschäft, daß wir die Aufklärung doch schon ›haben‹ (»Was also soll uns da die fortgesetzte Belehrung?!«). Die Schwierigkeit stammt vielmehr direkt aus den Mitteln der Aufklärung selber – und ist um so größer, je mehr diese sich verabsolutieren. Die ›aufgeklärten‹ Menschen können die Quellen ihrer fortbestehenden Irrationalität weder selbst erkennen noch anderen zeigen, weil die Mittel der Aufklärung dem im Wege sind – Mittel, die kompliziert, formalisiert und kanonisiert sind und sich dadurch selbst der Aufklärung entziehen. Das aber – die immer erneute Kritik der Erkenntnismittel – ist die bleibende Aufgabe der Aufklärung gewesen, sooft und solange es eine gegeben hat.

Die Lage des Aufklärers hat Ähnlichkeit mit der des Pharisäers, der ja nicht durch einen hoffärtigen Charakter am Erkennen des Heils gehindert wird, sondern durch die Unerschütterlichkeit und Intensität seiner Heilsgewissenheit.

Ohne Anspruch auf Systematik möchte ich einige jener aufklärerischen Mittel und Merkmale aufzählen, die – wenn verabsolutiert – die Aufklärung behindern oder gar verhindern; ich werde ihre Wirkungsweise jeweils durch ein Beispiel veranschaulichen.

(a) *Wissenschaftlichkeit:* Zur Aufklärung gehört und dient die Verwendung von geprüftem Wissen – von Wissenschaft also, statt tradierter Weisheit, poetischer Intuition, herrschaftlicher Entscheidung. Die Fülle, Genauigkeit, Objektivität und prinzipielle Zugänglichkeit der wissenschaftlichen Erkenntnis erzeugt dem, der sie nicht benutzt, ein schlechtes Gewissen. Weil richtige Erkenntnis Voraussetzung für richtiges Handeln ist, richtiges Erkennen aber »wissenschaftlich« gewonnen wird und »wissenschaftlich« wiederum nur ist, was mit erprobten und anerkannten Methoden erhoben worden ist, stranden unzählige Handlungsprobleme auf den Sandbänken von Daten- und Meinungserhebungen, statt

durch Common-sense-Urteile in politischer Auseinandersetzung entschieden zu werden.
Die wahrhaftig schwierige Frage, ob wir eine Mitbestimmung in den öffentlichen Schulen einführen sollen – für welche Fragen und mit welchen Folgen –, geht ein ›aufgeklärter‹ Zeitgenosse und Forscher dadurch an, daß er eine gestaffelte und vergleichende Längsschnittuntersuchung über die Einstellung von Schülern unternimmt – vergleichend, indem sie zu einer amerikanischen Untersuchung parallel angeordnet wird; erfragt werden Kenntnisse und Meinungen zu allem und jeglichem – nur nicht zu einem, weil es dies für die befragten Schüler nicht gibt: zu *Erfahrung* mit einer von ihnen mitverantworteten und mitgelittenen Partizipation. Überhaupt ersetzt man gern die Sachentscheidung der zuständigen Leute dadurch, daß man die (anonyme) Meinung großer Zahlen von Studenten, Käufern, Hausfrauen, Passanten erfragt. Meinungen sind Tatsachen und machen – da man doch als aufgeklärter Zeitgenosse Tatsachen nicht leugnen kann – andere Legitimationen fast schon überflüssig. Entscheidungen, darüber ist man sich einig, müssen verantwortet werden – aber doch nicht einfach dadurch, daß einer die Folgen trägt! Wehe dem »Entscheidungsträger«, der keine Daten, keine Untersuchungsergebnisse von hoher »Validität« für seine Maßnahmen vorweisen kann! Auf diese Weise ersetzt Wissenschaft Verantwortung und wirkt – so verwendet – antiaufklärerisch, verdunkelnd, einschüchternd.

(b) *Kausal-analytisches Denken:* Zur Aufklärung gehört nicht erst in der Neuzeit die Auflösung von komplexen (und darum unheimlichen) Gebilden in ihre Elemente. Sie hat die Mentalität von Uhrmachern, Anatomen und Grammatikern. Man zerlegt sein Fragstück in eindeutige Teile, stellt eindeutige Beziehungen zwischen ihnen her und liest aus der häufigen Wiederholung des gleichen Vorgangs an verschiedenen Gegenständen allgemeine Strukturen ab. Dies ist ein so wirkungsvolles Verfahren, daß wiederum keiner darauf verzichten will und kann, wenn er sich oder anderen ein neues Phänomen erklärt.

Die wahrhaftig schwierige Frage, wie man Kindern und in welchem Alter an welchen Gegenständen ihre soziale Umwelt durchschaubar und verfügbar macht, verführt einen aufgeklärten Didaktiker dazu, zunächst das Modell von Ursache und Wirkung einzuführen und dann die Verhaltensweisen auf »durch Anlage verursacht« und »durch Umwelt verursacht« zu verteilen. Ob der Mensch einen eigenen Willen haben und aktualisieren kann, kann in diesem Verfahren nicht gefragt werden, weil »Wille« ein Anfang in sich selbst ist – oder eine Selbsttäuschung über eine (mithin nicht »gewollte«) Verursachung. Das Lehrwerk aber, in dem dies steht, will zu verantwortlichem, selbständigem, vernünftigem – also kritischem – Handeln erziehen!

Es will dies obendrein tun, indem es den Kindern die Werkzeuge der Wissenschaft früh in die Hand gibt. Wo aber Erklären allein durch den wissenschaftlichen Aufweis eines Kausalmechanismus geschieht und andere Erklärungsweisen – die Analogie, die Mimesis, die Deutung im Symbol, die Angabe von Zweck oder *telos*, die Auflösung in Erzählung (Mythos) – nicht daneben- oder dagegengehalten werden, wird man auch über dieses wissenschaftliche Verfahren nicht kritisch und sicher, d. h. aus seinem eigenen Prinzip heraus verfügen. Man bleibt ohne Distanz und Alternative auf dem offenbar unvermeidlichen Determinismus sitzen, mit dem wissenschaftliche Analyse nicht ohne weiteres identifiziert werden sollte.

(c) *Relationierung, Relativierung, Reduktion:* Alle Aufklärung zielt auf Gemeinsamkeit der Erkenntnis. Sie löst darum die Esoterik, die Mystik, das Schamanentum auf, mögen sie über noch soviel Erkenntnis verfügen. Dies gelingt durch die Herstellung von Beziehungen (z. B. zwischen der Ödipussage der Griechen, Totem und Tabu bei Primitiven, dem Unbehagen in unserer Kultur und bestimmten neurotischen

Verhaltensweisen von Individuen). Indem eine Relation zwischen den Erscheinungen hergestellt wird, werden sie – die eine durch die andere – relativiert. Zugleich wird etwas Schwieriges auf etwas Einfacheres zurückgeführt und dadurch ›verständlich‹ gemacht. Es gibt keine *unica*, keine *tota*, keine *singula*.

Die wahrhaftig schwierige Frage, wie wir Aussehen und Ausdruck unserer Mitmenschen deuten und unsere spontanen oder scheinbar spontanen Reaktionen darauf kontrollieren können, einfacher gesagt: wie wir »Menschenkenntnis ohne Vorurteile«[3] gewinnen, bekommen wir von einem aufgeklärten Menschenkenner auf rund hundert mit großen Typen bedruckten und vielen Bildern bedeckten Seiten erklärt – durch Reduktion von buchstäblich »allem nur Menschenmöglichen« auf eine Handvoll Schemata und Typen. Der Körperbau des leptosomen Menschen z. B. verrät uns seine Charaktereigenschaften und »signalisiert«, wie er sich geben wird:

– gekünstelt heiter, witzelnd und gesprächig;
– gleichmäßig freundlich, ruhig, scheinbar ausgeglichen;
– scheu, empfindsam;
– fade, langweilig;
– als kalter, nüchterner Verstandesmensch;
– als brutaler, vor nichts zurückschreckender Zyniker.

Im zweiten Teil dieses gleichen Buches wird, wie hier der Körper, so dort die innere Struktur der Seele aufgeschlüsselt . . .

Wer sich – nicht auf dieses spezielle Buch, sondern – auf dieses Verfahren eingelassen hat, verliert vermutlich den Blick für genau jene individuellen Momente, die ihm Schwierigkeiten bereiten und die zu ergründen reizvoll, mit der Reduktionsmethode aber unmöglich ist.

Welche Wirkung hat das Fernsehen auf Kinder, zumal die Sendungen, in denen Gewalt gezeigt wird? – eine wichtige und bisher widersprüchlich beantwortete Frage. Man darf folglich vermuten, daß es sich um ein *schwieriges* Problem handelt. Jetzt aber ist es gelöst – ein Team von Psychologen an der Universität von Utah hat die Sache empirisch untersucht und mit Hilfe einer klassischen *Reduktion* dies erbracht: Bei einer Testgruppe von Kindern, die in der Woche nicht mehr als vier Stunden fernsehen, erhöht sich der Blutdruck stärker, nimmt die Herztätigkeit mehr zu, wird mehr Schweißsekretion registriert als bei einer Testgruppe von Kindern, die wöchentlich mehr als 25 Stunden vor dem Bildschirm sitzen – nämlich beim Ansehen von Szenen, die Gewalttätigkeit enthalten. »Daraus ergibt sich klar, daß die Kinder – und sicherlich auch Erwachsene – allmählich gegenüber Gewalttätigkeit abstumpfen« (*Frankfurter Allgemeine Zeitung* vom 31. Oktober 1973). – Chirurgen müßten demnach steinerne Monumente der Fühllosigkeit sein, oder ihre Operationen verzittern.

(d) *Abstraktion:* Eine besondere Möglichkeit neuzeitlicher Aufklärung liegt in unserer hochentwickelten Fähigkeit zur Abstraktion.

Wir können nicht nur Erscheinungen in einer besonders sicheren Weise erfassen – so, daß sie *allen* gleichermaßen einsichtig und dadurch verläßlich sind; wir können auch Erscheinungen sichtbar machen, die sonst *keinem* einzelnen erkennbar wären. Dies gilt insbesondere für die Statistik, aus deren »Beobachtungen« die Einzelwahrnehmungen, aus denen sie sich zusammensetzen, selber verschwinden: 50 % aller Raucher männlichen Geschlechts im Alter von 17 Jahren . . . 20 % aller Studenten im 4. Semester . . . 13 % aller nicht geborenen Kinder . . . Erkenntnisse dieser Art sind notwendige aufklärende Korrekturen unserer hausgemachten Statistiken, die mit den Worten »meiner Erfahrung nach . . .« beginnen. »Einmal ist keinmal, zweimal ist immer«, witzelte man einst über die »wissenschaftlichen« Behauptungen der Philologen.

Aber wir abstrahieren nicht nur mit Hilfe dieser durchmethodisierten Methode. Eine besonders unaufgeklärte Form der

Abstraktion sind die handelnden, mit Willen und Bewußtsein versehenen Abstraktionen: die Gesellschaft, die Wissenschaft, die Wirtschaft – tut, verhindert, unterdrückt, verschleiert.

Ein anderer großer Teil der Abstraktion geschieht durch Zusammenfassung von möglicher Einzelerkenntnis in ein entweder besonders unanschauliches Wort oder in einen besonderen, meist künstlichen Terminus: man spricht von Begründungszusammenhängen statt von Begründungen, von Zielsetzungen statt von Zielen, von Fragestellungen statt von Fragen, vom Apathiepotential der heutigen Adoleszenten statt von Jugendlichen, die nicht mehr mitmachen. Wo man sich dieser neuen Wörter nicht bedient, um von der vereinzelten, subjektiven und womöglich ablenkenden Erfahrung loszukommen, sondern weil man deren Widerstand und Schwierigkeit scheut, wo man sich also damit das Beobachten und Denken erspart, wird Abstraktion zur Verdunkelung. – Kehren wir zur Statistik zurück:

Wenn ich mir die wahrhaftig schwierige Frage, in welchem Alter mein Kind lesen soll oder nach sexueller Aufklärung verlangt, oder wie lange es schlafen muß oder wieviel es fernsehen darf, mit Statistiken *beantworte*, statt meine Antworten durch Statistik zu problematisieren, werde ich nicht nur vermutlich das Falsche tun, ich verschütte obendrein meinen Ausblick auf die Wirklichkeit meines Kindes. Ich sehe vielleicht nicht mehr: Es ist genügsam, fröhlich, lebhaft, groß, sondern nur noch: Es ist zu genügsam, zu fröhlich, zu lebhaft, zu groß. Das Mittel vergleichender Erkenntnis hat mich verführt, die mögliche Beziehung an die Stelle des zu Beobachtenden, den Vergleich an die Stelle von Beobachtungen zu setzen.

In einer arbeitsteiligen Welt, in der Statistik treiben obendrein ein Beruf ist, haben wir allen Grund, über die von ihnen bezogenen Erkenntnisprodukte – ihre Beschaffenheit und ihre Verwendung – besorgt zu sein.

(e) *Gleichheit, Kompensation, Symmetrie, Normalverteilung:* Zur Aufklärung gehört nicht nur die Gemeinsamkeit der Erkenntnis, sondern auch die Gemeinsamkeit ihrer Folgen, also die bessere, gerechtere, soziale Welt. Das Mittel, durch das man diesen Anspruch und seine Voraussetzungen faßbar macht, ist die Herstellung vergleichbarer Einheiten und Meßgrößen. Die meisten Anordnungen unterschiedlicher Grade des gleichen Merkmals sehen aus wie Glocken. Die symmetrische Gaußsche Kurve gibt nun aber weder an, wie sich die Erscheinungen tatsächlich verhalten, noch wie sie sich verhalten sollten, sondern sie *definiert* das in ihr abgebildete Phänomen, z. B. Begabung oder Leistung oder Beurteilung. Dies erlaubt uns nun zu sagen: Das, was wir als geistige Potenz unter 1000 Kindern messen können, so daß es sich zwischen den Extremwerten symmetrisch anordnen läßt – das wollen wir zum Maßstab für unsere weiteren Messungen machen und bei geeigneter Meßeinteilung fortan den »Intelligenz-Quotienten« nennen. Auf diese Weise ergibt sich eine Vergleichbarkeit von Unvergleichbarem: die 0,2 Prozent extrem intelligenten und die 0,2 Prozent extrem dummen Leute in der Bevölkerung sind in eine feste Beziehung gesetzt, »statistisch vermittelt«. Die Beschreibung kann so weitergehen: »In der Bevölkerung leben etwa 13,6 Prozent gering intelligente (IQ zwischen 70 und 85) und gleichfalls 13,6 Prozent gut intelligente (IQ zwischen 115 und 130). Durchschnittlich intelligent sind etwa 68,2 Prozent« (Lauster, 1973, S. 117).

Der platonistisch-christliche Schöpfergott hätte sich keine perfektere Figur ausdenken können. Wer nun dieses Mittel der »Aufklärung«, das für viele Zwecke gut, genial, unentbehrlich ist, dauernd benutzt, dem kann man nicht verübeln, wenn er in diesem Muster zu denken beginnt und entsprechende Normalverteilungen in der sozialen Wirklichkeit durchzusetzen unternimmt.

Auf die wahrhaftig schwierige Frage, wie man einzelne öffentliche Berufe – z. B. den des Lehrers – gerecht entlohnt oder entlastet, reagiert eine aufgeklärte Standesvertretung damit, daß sie vergleichende Berechnungen über die Arbeitszeit verschiedener Dienstsparten in den letzten 20 Jahren anstellt. Die Arbeitszeitsenkung – so ergibt sich – beträgt bei den Lehrern kein Drittel dessen, was sie bei anderen Berufen beträgt. Um die ›ergonomischen‹ Probleme wollen wir uns hier nicht kümmern (z. B. darum, welche Stunden im Tage des Lehrers als ›Arbeitsstunden‹ zu zählen und ob Telefonvermittlung, Briefeaustragen und Unterrichthalten vergleichbar seien). Es geht in diesem Zusammenhang allein darum, daß das aufklärende Mittel des Vergleichs die gleiche oder gleichgewichtige, symmetrische Ordnung nach sich zieht und damit die Erwartung, in dieser Gesellschaft müßten im selben Zeitabschnitt in den verschiedenen Diensten die gleichen Entwicklungen möglich und wünschenswert sein und also auch stattfinden. In einer Gesellschaft jedoch, in der die Anforderungen an die Arbeitsqualität sich ständig erhöhen, um die Arbeitslast und -dauer zu verringern, weiß man sich einstweilen nur so zu helfen, daß man immer mehr Menschen immer länger ausbildet. Man braucht also mehr Lehrerstunden. Zugleich wollen die anderen ihre Freizeit genießen; dazu brauchen sie das Geld, das sie eigentlich über die öffentliche Hand in die Lehrerausbildung stecken müßten. Die Asymmetrie der tatsächlichen und notwendigen Entwicklungen wird durch dieses Instrument der Aufklärung nicht nur nicht erkannt, sondern für falsch oder schädlich erklärt.

(f) *Gesamtgesellschaftliche Theorien:* Aufklärung braucht, das geht aus dem eben behandelten Beispiel deutlich hervor, Überblick über das Ganze. Von dem, was uns alle umfaßt, können wir zwar keine umfassende und gesicherte Kenntnis haben, wohl aber begründete, widerspruchsfreie Theorien. Sie sich nicht zu machen, hieße, sich der Möglichkeit begeben, die ›exakt‹ erfaßbaren Einzel- oder Teilphänomene einander sinnvoll zuzuordnen.

Gesamtgesellschaftliche Theorien sind entweder formal: reine Systemmodelle, oder material: inhaltliche Deutungen (z. B. auf der Grundlage von historischen Analogien und Einzelanalysen). Aber mehr als Plausibilität können diese Theorien nicht haben. Erhebt man sie zur Wahrheit, indem man über das hinaus, was man mit ihrer Hilfe gefunden hat, nichts weiter sucht oder vermutet, sie also gleichsam für das einzig Vorfindliche erklärt, dann werden sie zur Unwahrheit.

Die wahrhaftig nicht empirisch zu beantwortenden Fragen, wieso es den Menschen nicht gelungen ist, soziale Unterschiede besser auszugleichen oder ohne Krieg zu leben oder ein angstfreies öffentliches Schulwesen zu haben – Fragen, die einer umfassenderen Theorie von Mensch und Gesellschaft bedürfen –, werden von aufklärerischen Gruppen immer wieder mit der ›einen Wahrheit‹ beantwortet, daß sich eine bestimmte geschichtlich überlebte Gesellschaftsschicht mit immer raffinierteren, aber auch immer verzweifelteren Maßnahmen in ihrer Herrschaft behauptet und alle Mittel in ihrem Dienst pervertiert: Kunst, Wissenschaft, Erziehung, Sport, Wohlstand, Recht, Frieden, Toleranz – und Aufklärung! Denn aufklärbar ist nach jener gesamtgesellschaftlichen Theorie nur, wer seine eigene Vernunft jener gesamtgesellschaftlichen opfert. Was aber garantiert ihm, daß diese nicht doch wieder nur eine Teilvernunft und dadurch *doppelt* falsch ist, weil sie *dies* selber ja heftig bestreitet!?

(g) *Transparenz, Mitbestimmung, Dokumentation:* Aufklärung ist darum, wo sie diesen Fehler vermeiden will, um so mehr auf die Durchsichtigkeit der bestehenden Verhältnisse und Beteiligung der Betroffenen angewiesen. Übliche Mittel hierzu sind – unter anderem – Öffentlichkeit der Verhandlungen, Protokoll und schriftliche Vorlage, Kommissionen, Beiräte, Delegation, »Horizontalisierung der Entscheidungsstruktur«, Wählbarkeit und Ablösung der Ämter – und dies alles natürlich auch innerhalb des schon öffentlichen, verfaß-

ten, beamteten und dem Marktprinzip entzogenen Dienstes.
Die wahrhaftig schon schwierige Aufgabe, zum Beispiel eine Universität durch die an ihr Forschenden, Lehrenden und Lernenden selbst verwalten zu lassen, wird durch Zentner von bedrucktem Papier, die Beteiligung von Vertretern aller denkbaren Gruppen, die ständige Erweiterung der Gremien und die darum notwendige Schaffung immer weiterer, voneinander getrennt arbeitender und miteinander wieder zu koordinierender Kommissionen erschwert.
Transparenz entsteht so gerade nicht! Die beliebig vermehrten Mittel der Transparenz verhindern sie geradezu. Wir gewöhnen uns daran, Dinge zu verhandeln und zu entscheiden, die wir nicht ganz verstehen: wir wählen in Gruppen, die wir nicht kennen, Personen, die wir nicht kennen, für Funktionen, die wir nicht kennen; wir produzieren »Papiere«, vervielfältigen und verteilen sie zur Abwehr der Papiere anderer und bleiben, auch wo wir dies durchschauen, doch auf unserem Posten, weil wir außerhalb dieses Systems überhaupt keine Berücksichtigung fänden; in ihm meinen die *anderen* wenigstens, daß ich weiß, wovon ich rede.

(h) *Entlarvung, Kritik, Mißtrauen:* Um so mehr gehört Entlarvung heute zum Repertoire der Aufklärung: die öffentliche Bloßlegung von Bluff, Heuchelei, und Verschwörung. Dieses Verfahren und Gebaren ist älter als unsere gegenwärtige Krise. Es zeichnet Aufklärung in ihrer ursprünglichsten Form aus: Zweifel am Augenschein, an der Gewohnheit, am *nomos.* Den Sinnen nicht blindlings trauen hieß freilich nicht sie verachten. Im Gegenteil, die antike Sinnenskepsis war eine Voraussetzung dafür, daß man sich dieses stärksten Erkenntnisinstruments einigermaßen sicher bedienen konnte. Die Metaphysiker und Scholastiker entlasteten den Menschen von dieser Problematik; sie teilten die Wahrnehmung von dieser Welt auf in die gemeine praktische Erfahrung, die so, und die gedachte oder geoffenbarte Wahrheit, die in vielem anders ist. Entweder vertragen sie sich miteinander, oder sie haben nichts miteinander zu tun.

Als dann aber die großen Beobachter bewiesen, daß vor ihrer methodischen Empirie weder die gemeine Erfahrung noch die Wahrheit bestehen konnte, brach gleichsam das Urvertrauen in die natürliche Wahrnehmung zusammen. Die Wissenschaft hatte sich scheinbar gegen die gemeine Erfahrung entschieden. Skepsis war nicht mehr ein Korrektiv, sie war ein Bestandteil der Aufklärung. – Der *Kopernikanischen* Wende folgte die *Marxsche*; die Einsicht, daß die Einsicht dem Klassenstandpunkt folgt und der Überbau dem Unterbau gehorcht; der Marxschen Wende folgte die *Freudsche*; das Bewußtsein, daß das Unterbewußtsein über das Bewußtsein herrscht. Aus dem griechischen »Erkenne dich selbst« ist das neuzeitliche »Durchschaue dich und die anderen« geworden. Jedem Kind wird in jedem modernen Unterricht, in jeder Kinderzeitschrift, in jeder *Rappelkiste* dieses *Durch*schauen, das »Hinterfragen«, das »Denunzieren« beigebracht, noch bevor es zu beobachten, zu fragen, zu benennen gelernt hat. »Unser Zeitalter ist das eigentliche Zeitalter der Kritik, der sich alles unterwerfen muß. Religion, durch ihre Heiligkeit, und Gesetzgebung, durch ihre Majestät, wollen sich gemeiniglich derselben entziehen. Aber alsdann erregen sie gerechten Verdacht wider sich und können auf unverstellte Achtung nicht Anspruch machen, die die Vernunft nur demjenigen bewilligt, was ihre freie und öffentliche Prüfung hat aushalten können.« So schrieb Kant vor 200 Jahren (*Vorrede zur Kritik der reinen Vernunft*, S. 13, Anm.). Sein Zeitalter hält noch an – aber die Kritik hat ihre Funktion verändert, indem sie ihren Widerstand verlor.

Die wahrhaftig nicht einfache Aufgabe, zu erkennen, welche pädagogischen und didaktischen Absichten hinter einer *Sesamstraße*-Sendung stehen, verhängen und stören sich die Lehrerstudenten, indem sie aufklärerisch entlarven:

– da müsse man sich doch fragen, warum ein Geburtstagskuchen gezeigt werde, um einen Geburtstag anzudeuten: hier würden die Unterschichtenkinder den Normvorstellungen der Mittelstandskinder unterworfen und sollten dadurch in ihrer proletarischen Selbstbehauptung geschwächt werden; oder

– da müsse man sich fragen, wenn gezeigt wird, wie Kinder mit Lust in eine Pfütze springen, wie willkommen dies dem Gummiwarenfabrikanten sei und wie nah an seinem »Werbespot«.

Ohne Kritik, ohne Mißtrauen, ohne Entlarvung funktioniert keine Aufklärung. Aber wenn diese Mittel sich verabsolutieren, verhindern sie sie.

(i) *Emanzipation:* Die Aufklärung, die wir seit dem 18. Jahrhundert so nennen, geschieht nicht um ihrer selbst willen (wie man die des Sokrates/Platon verstehen oder mißverstehen konnte) – und auch nicht um eines wechselnden nützlichen Zwecks willen (wie die Aufklärung der Sophisten). Die Aufklärung, die zur Französischen Revolution geführt hat, wollte und will die Emanzipation des Menschen. Ist Emanzipation die Aufhebung von Abhängigkeit, könnten Aufklärung und Emanzipation dem, der die berühmte Kantsche Definition der ersteren zugrundelegt, als geradezu identisch erscheinen: »Aufklärung ist der Ausgang des Menschen aus seiner selbst verschuldeten Unmündigkeit« (*Beantwortung der Frage: Was ist Aufklärung?*, S. 55).

Freilich, so oft dieser wohlklingende Satz zitiert wird, so oft wird er wohl anders verstanden; häufig wird er auch bestritten,[4] und so hilft er letzten Endes nicht zur gemeinsamen Festlegung des Verhältnisses von Emanzipation und Aufklärung. Mir wäre lieb, er würde uns in zweierlei Hinsicht bestärken:

– Emanzipation ebenfalls an den Zweck des Menschen, an die Restitution seiner Bestimmung zu binden;
– Emanzipation als etwas zu verstehen, was wir an uns selbst vollziehen müssen.

Dies muß ich erklären.

Allen Auffassungen von Emanzipation ist eines gemeinsam: Emanzipation bezeichnet die Aufhebung von Fremdbestimmung über den Menschen. Wolfgang Lempert – in dem Bemühen, Emanzipation aus subjektivistischen Deutungen heraus in den politischen Bereich zu ziehen – macht daraus »eine spezifische Veränderung gesellschaftlicher Beziehungen«. (Lempert, 1973, S. 63.)

Unter diese Kennzeichnung ließen sich freilich Krieg so gut wie Ehe, die Einschulung so gut wie die Promotion, das Schuldigsprechen eines Angeklagten so gut wie die Sendung eines Fernsehinterviews bringen. Umgekehrt, wo die Definitionen nicht so blaß geraten, geraten sie einseitig und in Konflikt mit dem Sprachgebrauch.

Der gibt immerhin etwas her: eine typische Verwendungsform des Wortes »Emanzipation« ist etwa die »Emanzipation der Juden«. Gemeint ist, daß die Juden in bestimmten Staaten aus vorher bestehenden Beschränkungen entlassen wurden – sie mußten z. B. nicht mehr im Getto wohnen.

Daneben gibt es aber auch diese Verwendung: »ein emanzipierter Jude«, und das heißt: einer, der sich selbst von den strengen Bindungen an seinen Glauben befreit hat. Mir scheint, daß dieser zweite Gebrauch der spezifischere ist; für den (oder die) anderen gibt es andere Wörter.

Die Frau ist erst emanzipiert, wenn sie sich ihrer neuen Freiheit und Gleichberechtigung entsprechend verhält; der Homosexuelle ist erst emanzipiert, wenn er sich unbefangen zu seinen Neigungen bekennt. Es geht um die *Aufhebung innerer, verdeckter, indirekter Abhängigkeit,*[5] die nicht durch einen Gesetzesakt geleistet wird, sosehr dieser auch eine Voraussetzung dafür ist.

Nun wird neben diese negative Auffassung von Emanzipation (»Verringerung von Abhängigkeiten, unter denen Menschen leiden«) heute vielfach ausdrücklich eine positive gesetzt (»die Erweiterung unserer objektiven Chancen und subjektiven Fähigkeiten zur Bedürfnisbefriedigung und zur [...] Bedürfnisartikulation«; Lempert, 1973, S. 69). Der

Sachverhalt, den Lempert meint, ist plausibel – aber nicht, daß er ihn just mit dem Wort »Emanzipation« bezeichnet. Aus diesem Gebrauch des Wortes erwächst die von mir hier darzulegende Gefahr: Emanzipation wird zu etwas, was gewährt und wieder eingezogen werden kann,[6] und schließlich zu einem bloßen Mittel. Hans-Jochen Gamm versteht darunter:

– die politische Anleitung des lernenden Menschen zur Analyse seiner Selbstentfremdung durch die Schule und die dahinter stehende Herrschaftsform;
– die Einübung kollektiver Lernpraxis zur Durchbrechung der Isolierung der Individuen;
– die Befähigung der Lohnabhängigen zu gesellschaftlichen Kampfmaßnahmen (Gamm, 1973, S. 680).

Diese drei Lernforderungen würde ich (a) unter andere und jeweils unter verschiedene Rubriken bringen (die erste unter Schultheorie, die zweite unter Solidarität, die dritte unter Klassenkampf), sie (b) als pädagogische Mittel bezeichnen und sie (c) nur beschränkt zur Erfüllung von Aufklärung verwendbar und wünschenswert halten.

Klassenkampf z. B. fordert wie jeder Kampf entschlossenes und gelegentlich blindes Handeln: wo und wie gekämpft wird, hängt leider oft vom Gegner ab. Erklärt man eine große und obendrein schwer zu definierende Gruppe von Mitmenschen pauschal zum Feind, nimmt man sich die Möglichkeit, mit ihnen zu argumentieren, sie zu verstehen und sich verständlich zu machen, weil Feinde sich tunlichst nicht die Wahrheit sagen. Man begibt sich der Anleitung durch die Vernunft.

Solidarität heißt ebenfalls Preisgabe bestimmter Skrupel zugunsten gemeinsamer Handlungsvorteile.

Die *Analyse von Selbstentfremdung und Schule* schließlich darf ihr Ergebnis nicht vorwegnehmen, den schon verengten (entfremdeten) Blick nicht willkürlich noch weiter einschränken. Werden diese Mittel nun für das Ziel ausgegeben, als das man gemeinhin die Emanzipation versteht, dann können sie die Aufklärung sehr wohl erschweren oder erledigen.

Die wahrhaftig schwierige Frage, wie man den heutigen Bürger in dem Bereich emanzipiert, in dem seine Abhängigkeit am größten ist, im wirtschaftlichen,[7] wird gegen die Aufklärung gelöst, wenn man den Schülern in erster Linie zeigt, »wer die volle Emanzipation – mit Einschluß der wirtschaftlichen Selbstverfügung – verhindert«, und dies, indem sie »von der Grundschule an darüber informiert werden, daß es in unserer Gesellschaft kleine, aber mächtige Gruppen gibt, die sich gegen die Interessen der Mehrheit verhalten, indem sie privat über die Produktionsinstrumente verfügen und den von den Arbeitern geschaffenen öffentlichen Reichtum für ihre privaten Zwecke verwenden« (Gamm, 1973, S. 682).[8] Dies verfehlt die Aufklärung, nicht, weil dies nicht wahr wäre und nicht wissenswert oder wissensnotwendig, sondern:

- weil mit dieser »Information« nicht erklärt worden ist, warum man dies wissen und die Welt doch so sein kann;
- weil nicht erfahrbar gemacht worden ist, wie *ich/wir* dies ändern könnten,[9]
- weil also Emanzipation mit der Anklage anderer verwechselt und damit die Chance der Selbstverantwortung versäumt wird: die Notwendigkeit, selbst auszumachen, was das überhaupt ist und warum ich es brauche;
- weil doch wieder ein »furchtbarer Dämon«[10] eingeführt wird, auch wenn man ihn nicht mythologisch verschleiert, sondern durch eine anschauliche Verallgemeinerung bezeichnet;
- weil dies – wie alle Lagen, in denen man Unrecht sieht und nicht handeln kann – eine gereizte, aggressive Disposition schafft oder Resignation;
- weil, in einem Wort, die Emanzipation hier aufhört, ein Ziel zu sein, das zu erreichen man gerne Opfer brächte;

- weil sie statt dessen dem Streit mit denen ausgeliefert wird, die dies alles mit ihren Gründen leugnen;
- und weil folglich Emanzipation bedeuten wird: mit den emanzipierteren Vokabeln am besten umgehen können . . .

Ach, davon haben wir seit Jahren genug!

(j) *Utopie, Fortschritt, Optimismus:* Aufklärung kann sich nicht mit der Durchleuchtung der Welt begnügen, wie sie ist – weder als Erkenntnisauftrag noch als moralische Bestimmung. Sie braucht also Utopien und die Vorstellung eines möglichen Progresses auf sie zu. Aber die fast notwendige (und zunehmende?) Ferne der Utopien verführt dazu, sie für theoretische ›Wahrheiten‹ zu halten, die man nicht ändern muß – nicht einmal die Perspektiven, unter denen man sie sieht, weil man ihnen nicht näher kommt! Um so weniger ist man freilich geneigt, die ärgerliche Wirklichkeit und ihre *mögliche*, ungemein schwierige Veränderung zu erforschen. Ich halte mich an das letzte Beispiel:
Die wahrhaftig schwierige Frage, wie die Emanzipation von Schülern in einer Welt nichtemanzipierter Erwachsener gelingen und wie man sie durchhalten soll, läßt sich nicht mit der hoffnungsvollen Behauptung überspringen: »Würde die Schülerrolle heute von der Gesellschaft *emanzipativ entworfen*, so wären Menschen, die in überwiegender Anzahl die Lohnabhängigkeit geduldig ertrügen, zukünftig kaum möglich« (Gamm, 1973, S. 681; Hervorhebung: H. v. H.), ohne daß aus Utopie und Optimismus Borniertheit oder gar Selbsttäuschung wird. Da lob' ich mir Richard Hauser als realistischen Emanzipationshelfer. Sein Buch *Die kommende Gesellschaft* beginnt er mit der Feststellung, es sei für Leute geschrieben, die gerne etwas ausprobierten, die aber zu feige oder zu schüchtern seien, »übergebildet« oder »untergebildet«, unausgeglichen und unentschlossen, »mit anderen Worten: für normale Personen«. Es sei nicht für Leute, die von Natur aus mutig, immer klug, niemals deprimiert seien

und immer schon einen festen Ausgangspunkt hätten. Hauser glaubt nur dem helfen zu können, der (a) Hilfe braucht und (b) an Hilfe glaubt. Darum versucht er ihm zuerst dies zu vermitteln: ein Bewußtsein von einem hier und jetzt aufklärbaren Problem und die Erfahrung, eine Schwierigkeit selber lösen zu können. Er gibt ihm dazu nichts vor, nichts als ein Stück Selbsterfahrung. Auch er nennt seine Methode »sokratisch« – und das ist eine, »die den Menschen nichts einredet, nicht einmal das, was sie eigentlich wissen sollten« (Hauser, 1971, S. 10).

(k) *Ökonomie, Berechnung, Pragmatismus:* Auch das Umgekehrte gehört zur Aufklärung: das haushälterische Gebaren, die Forderung nach Nüchternheit, die Anerkennung der Tatsachen. »Augenmaß« wird heute verdächtig oft gefordert – ein Wort, das auf listige Weise durch die suggerierte Genauigkeit des Gemeinten von der eigenen Ungenauigkeit ablenkt. Das jeweils Mögliche erkennen und anerkennen heißt nur zu oft mit dem Faktischen vorliebnehmen, nicht weiterdenken, weil es Folgen haben könnte. Wer Skepsis schon für Aufklärung hält, ist per definitionem unbelehrbar: er darf ja nicht für möglich halten, was *nur* möglich ist – und mit dieser Einstellung wird er recht behalten, sie schafft ihre eigenen Anlässe. Mein Beispiel sei in diesem Fall so gewählt, daß etwas mehr als diese evidente Folge sichtbar wird. Ich möchte es mit einem anderen Merkmal unserer Aufgeklärtheit verbinden: unserer Sorge für die Unterprivilegierten, die Arbeiterschicht, die soziokulturell Benachteiligten.
Die wahrhaftig schwierige Aufgabe, Kindern die Rechtschreibung so ›beizubringen‹, daß nicht dies schon eine soziale Ungerechtigkeit konstituiert, verfehlt die Aufklärungsfähigkeit dieser Welt, wenn wir das Erkenntnismittel Sprache drastisch verändern und nicht den pädagogischen Mißbrauch, z. B. durch die Abschaffung der Großschreibung bei Substantiven. Wir stumpfen ein Instrument ab, das zum Schneiden da ist, damit man sich nicht daran schneide. Ich bin

für eine ›gemäßigte Großschreibung‹, d. h. die Beibehaltung der großen Anfangsbuchstaben in allen eindeutigen Fällen, und für die kategorische Freigabe aller Fälle, in denen der Schreiber, also zunächst das schreibenlernende Kind, im Zweifel ist. Die Zahl der Zweifelsfälle verringert sich für jeden einzelnen Lernenden in dem Maß, in dem er beim zunehmenden Lesen oder durch Erklärung der erklärbaren Schreibgewohnheiten sieht und versteht, daß »auch dies« ein »Substantiv« ist. Wir behalten eine wichtige *Lese*hilfe (daran zweifeln auch die Befürworter der gemäßigten Kleinschreibung nicht), und das ist für die überwältigende Mehrzahl der Menschen das wichtige: sie lesen ein Tausendfaches von dem, was sie schreiben.

Und was wäre eigentlich durch die Schreibfehler, die heute gemacht werden (gemacht würden, wenn die Menschen schrieben), gefährdet, was wäre daran so schlimm, – wenn *wir*, die Lehrer, die Arbeitnehmer, die Behörden, die Gebildeten, dies nicht so ernst nähmen? Durch die Abschaffung der Großschreibung bei Substantiven würde die schon gefährdete Lesebereitschaft der heute Schulentlassenen (eigentlich aller, die das Lesen mit großen Buchstaben gelernt haben, also aller über 7 oder 8 Jahren), bis sie im Laufe der nächsten 70 Jahre aussterben, zumindest gedämpft – und ist schon so gering! In unserer Lebzeit jedenfalls hätten wir es mit einer überwiegenden Mehrheit von Ungernlesern zu tun, hätten viel Geld ausgegeben, unzählige Bücher den neuen Lesern verschlossen und uns obendrein zu flinken Richtern über etliche Jahrhunderte gemacht, ohne unsere Entscheidung durch stichhaltige empirische Untersuchungen zu legitimieren!

Das Hauptübel aber hätten wir damit noch nicht einmal berührt: die Neigung von Lehrern und anderen, die Großschreibung als Herrschaftsinstrument zu mißbrauchen! Haben sie die großen Buchstaben nicht mehr, wohl aber noch die Gewohnheit, das Kind mit ihrem Wissen zu beugen, werden sie die Aussprache, die richtige Wortwahl, die Komma-

setzung, die Orthographie und – wenn diese alle wegreformiert sind – die Länge der Flüsse, die Höhe der Berge, die Formeln für Sauerstoff und Wasserstoff, die Geschichtsdaten seit 1789, das Geradesitzen und Stillhalten dazu benutzen.
Nein, wenn es uns um wirkliche und dauerhafte Hilfe für diejenigen zu tun ist, denen Schrift und Schreiben Schwierigkeiten macht, müssen wir in erster Linie die Lehrer in Helfer verwandeln: sie müssen geduldig, erfindungsreich und selber von ihrem ängstlichen Normengehorsam befreit werden; sie müssen die sinnvollen Schwierigkeiten, die es in der gewordenen Welt gibt, interessant zu machen wissen (z. B. die Substantivierung nicht nur als grammatisches Phänomen, sondern als Mittel der Erkenntnisökonomie) und *sie* als Übung einsetzen, statt künstliche zu erfinden (Mengenlehre, Sprachbetrachtung, Logik – sie sind voller eigens ›gemachter‹ Probleme, die schwerer zu lösen und weniger bedeutsam sind als das Erkennen von Substantiven oder eine historische und also nicht vollkommen phonetische Schreibweise).
Mir kommt dies vor wie die Einführung der Nylonhemden, die jedem, der sie tragen muß, lästig sind. Die Baumwollhemden haben wir praktisch abgeschafft, weil wir nicht die Zeit haben, sie zu bügeln. Besser wäre es gewesen, unsere Einstellung zu ändern und verknüllte Hemden für »schick« zu erklären. Und wie hier, so sollten wir uns auch in der Rechtschreibung mit ›Ungebügeltem‹ zufrieden geben.
So sind wir jedenfalls im Begriff, einer Minderheit, die mit der Sprache denkt und arbeitet, ein Stück Transparenz zu zerstören, etwas, das für sie so wichtig ist wie für die Fabrikarbeiter die schwer erkämpfte Transparenz ihres Betriebes oder die Einsicht in den Sinn des jeweiligen Arbeitsganges.

Die Merkmale unserer gegenwärtigen Aufgeklärtheit sind lange nicht erschöpft. Wir sind für die Gruppe, das Kollektiv, das Team; für Therapie, Prophylaxe, Pädagogik; für Aktivität, Praxisbezug, Projekte; für Interessenwahrnehmung, Konfliktmodell, Parität; Diskurs, Dialektik, Prozeß; für

Rassengleichheit, Geschlechtergleichheit, Generationengleichheit ... Wir sehen nicht oder nicht gern, daß unsere aufklärerischen Vorlieben sich oft genug gegenseitig widersprechen. Wir sehen noch weniger gern, daß man die halbaufgeklärten Menschen noch besser ausbeuten kann als die, die mit ihrem *common sense* zurechtzukommen gelernt haben. Aus der vorausgesetzten, aufgeklärten Zustimmung zu Umweltschutz, Wissenschaft, Diätetik und nationaler Selbstkritik kann dann dies werden:

»Die schleichende Vergiftung unserer Biosphäre ist zu einer ernsten Gefahr für unsere Gesundheit geworden. Ein Beispiel unter Tausenden: DDT! Seit Kriegsende wurden etwa 20 Millionen Zentner dieses Giftes auf der ganzen Erde versprüht. Und schon heute hat jeder Bundesbürger durchschnittlich zwei Milligramm pro Körpergewicht in seinem Fettgewebe gespeichert – ein Mann von 75 Kilo, genug, um eine Katze zu töten (aus: Planet in der Krise; Aktion Gemeinsinn e. V.).
[...] Die Widerstandskraft unseres Körpers gegen Umweltschäden hängt ganz entscheidend von der Qualität unserer Ernährung ab. Wissenschaftler in aller Welt fordern deshalb immer entschiedener mehr Milch für alle. [...] Denn sie kennen den hohen Wert dieses Schutzmittels (Prof. Dr. med. W. Heupke, Bad Homburg) für unsere Gesundheit.
Wir alle sollten uns dieser Forderung anschließen. Im eigenen Interesse. Denn gerade wir Deutschen brauchen dringend ein neues Verhältnis zu unserer Milch. Kaum ein anderes Volk in Europa kennt den wahren Wert der Milch so wenig wir wir. Im Milchkonsum stehen wir Deutschen unter 17 Nationen an 14. Stelle.
Helfen Sie uns.
Wir haben dafür gesorgt, daß Milch zum hygienisch einwandfreien und bequemen Massenartikel geworden ist. Durch die Packung ohne Luft. Noch nie war ein so hoch-

wertiges Nahrungsmittel wie Milch für Millionen so leicht und problemlos erreichbar wie heute.
Jetzt wollen wir mithelfen, daß noch mehr getan wird für eine gesündere Ernährung in unserem Land. Und dabei können Sie uns unterstützen. Wie, das sagt Ihnen unser Aufruf. Machen Sie mit! TETRA PAK / Wir lieben Milch!«

So der Wortlaut einer 80000-DM-Reklame im *Spiegel* (9. Juli 1973) für sterilisierte, also ›tote‹ und schlecht schmekkende Milch um einer bestimmten Verpackung willen!

Es fehlt außerdem eine Gegen-Liste all der Dinge, Verfahren, Mittel, *gegen* die wir sind: Tradition (was wäre die »Aufklärung« ohne sie?), Geschichte (was wäre Marx ohne sie?), Mythos (was wäre Freud ohne ihn?) – die Fülle der bürgerlichen Werte: Höflichkeit, Fleiß, Individualität, Ästhetik, Sparsamkeit, Sauberkeit, Verantwortung . . .
Es fehlt schließlich eine Liste der Merkmale unserer Gesellschaft, die erklärtermaßen und unbefangen und unaufgeklärt, auf mutwillige Weise irrational sind: der Luxus, die Moden, die Drogen, Pop-Art, Fan-Kult, Okkultismus . . .
Und so droht denn meiner ganzen langen Darstellung das Urteil »Thema verfehlt«. Dies sei vielleicht alles so, gehöre aber nicht zu der Frage, wie man eine Gesellschaft aufkläre, die sich für aufgeklärt hält.
Was es mit unserer Aufgeklärtheit und ihrer Verfehlung auf sich hat, wer »wir« sind und was uns nottut, läßt sich am besten dadurch verstehen, daß wir nach den Aufklärern unter uns fragen. Wer sind sie, was motiviert sie, wen wollen sie aufklären? Dies war meine dritte Frage:

3. *Wer ist es, der da aufklären will, und was berechtigt ihn dazu?*

Kant hatte sich für die Freiheit des Menschen eingesetzt, »von seiner Vernunft in allen Stücken *öffentlichen* Gebrauch zu machen«. »Der Privatgebrauch derselben darf öfters sehr enge eingeschränkt sein« (*Beantwortung der Frage: Was ist Aufklärung?*, S. 56 f.).
Die Aufteilung der öffentlichen und privaten Situationen fällt bei Kant seltsam aus: Als »öffentlich« gilt ihm, was der Gelehrte dem ganzen Publikum der Leserwelt sagt, als »privat« gilt ihm nicht nur, was ich mit mir in meinem Kämmerlein ausmache (dies interessiert ihn überhaupt nicht), sondern der Gebrauch, den jemand »in einem gewissen, ihm anvertrauten bürgerlichen Posten oder Amte von seiner Vernunft machen darf« (ebd., S. 56). Wenn Offiziere, Finanzräte, Geistliche, Lehrer sagen: Räsoniert nicht, sondern gehorcht, zahlt, glaubt, lernt . . .!, dann rechtfertigt Kant diese Einschränkung der oben geforderten Freiheit, weil die Menschen in all jenen Fällen Teil einer aufgeklärten *Gesellschaft* zu sein haben. *Diese* muß einen uneingeschränkten Gebrauch von der Vernunft machen können; ihre »Vormünder« (wie Kant ungeniert sagt) müssen frei sein – frei wie die philosophischen Wächter des Platonischen Staates, frei wie die hohe Geistlichkeit der Kirche, die Dostojewski im Großinquisitor schildert, frei wie Friedrich II. von Preußen, dessen Staat Kant deshalb preist . . . (vgl. ebd., S. 60 f.). (Ob der deutsche Professor – also Immanuel Kant selber – zu diesen Vormündern gehörte, da er doch keinerlei Macht hatte und die Freiheit seiner Wissenschaft ihm gleichsam unter der Voraussetzung ihrer unmittelbaren Folgenlosigkeit gewährt war, muß man nach dieser Aufstellung bezweifeln.) Folgerichtig sind die Forderungen der Philosophen nicht vertraulich ans Volk – das auch keine Notiz von ihnen nimmt –, sondern »ehrerbietig« an den Staat gerichtet: nicht nur, weil es anders nicht erlaubt, son-

dern weil es anders nicht sinnvoll ist (*Der Streit der Fakultäten*, S. 363).

Schon zu Kants Zeiten hat man diese Darlegungen des Königsberger Denkers nicht einfach hingenommen: weder die Formel von der »selbst verschuldeten Unmündigkeit« noch die angemaßte Vormundschaft des Aufklärers über die Unaufgeklärten. Johann Georg Hamann fragte empört:

> »Mit was für Gewissen kann ein Raisonneur und Spekulant hinter dem Ofen und in der Schlafmütze den Unmündigen ihre Feigheit vorwerfen, wenn ihr blinder Vormund ein wohldiszipliniertes zahlreiches Heer zum Bürgen seiner Infallibilität und Orthodoxie hat. Wie kann man über die Faulheit solcher Unmündigen spotten, wenn ihr aufgeklärter und selbstdenkender Vormund, wofür ihn der eximierte Maulaffe des ganzen Schauspiels erklärt, sie nicht einmal für Maschinen, sondern für bloße Schatten seiner Riesengröße ansieht, vor denen er sich gar nicht fürchten darf, weil es seine dienstbaren Geister und die einzigen sind, deren Dasein er glaubt. [. . .] Die Distinktion zwischen dem öffentlichen und privaten Dienst der Vernunft ist [. . .] komisch [. . .]. [. . .] Was hilft mir das Feierkleid der Freiheit, wenn ich daheim im Sklavenkittel.«[11]

Das könnten wir heute nicht »trefflicher« sagen! Wir wissen obendrein, wie die frühen, noch vor aller Aufklärungsmöglichkeit liegenden Erfahrungen den Menschen dauerhaft prägen – Sauberkeit und Gehorsam, Wettbewerb und Eigentumsbewußtsein, Geschlechterrolle und Umgang mit Gleichaltrigen und so fort. Wir wissen noch immer, daß wirtschaftliche Abhängigkeit einen subalternen Charakter erzeugt, dem Aufklärung weh tut, indem sie die Kluft zwischen Anspruch und Wirklichkeit aufdeckt. Wir wissen schon wieder, wie falscher Gebrauch und falsches Gebaren der Wissenschaft den *common sense* einschüchtern, wie ihre tatsächliche große Autorität von der möglichen kleinen Aufklärung abschreckt. Wir leben vor allem in einer Welt überwältigender Absurdi-

tät, deren überkomplizierte Verhältnisse uns eher Fatalismus und den Ausbruch in die Gewalt lehren als den Sinn aufgeklärten Handelns.
In einer einzigen Ausgabe des *Spiegel*[12] finden sich die folgenden Berichte:

- *Affäre Wienand/Steiner:* die Elite des Volkes ist für 50000 DM zu kaufen;
- *Abitur – Fehlstart ins Leben:* die Jugend, die man mit großen Anstrengungen in die höheren Schulen gelockt hat, bleibt vor den verschlossenen Toren der Hochschulen stehen;
- *Bummelstreik der Fluglotsen:* eine kleine Gruppe ohne irgendeinen politischen Auftrag übt Macht in unserer demokratisch verfaßten Gesellschaft – noch dazu, indem sie ihre Vorschriften »genau« befolgt;
- *Nordhorn Range:* die Bevölkerung des Emslands begibt sich auf den Bombenabwurfplatz der Nato-Luftwaffe, die unsere freiheitlichen Lebensformen zu verteidigen bestimmt ist, und wird von der Polizei vertrieben;
- *Spionage-Affäre im Auswärtigen Amt:* die Geheimdienste beschäftigen sich nach wie vor miteinander – und dies durch identische Personen;
- *Baader-Meinhof:* der Proll-Prozeß gegen Staatsfeind Nr. 1 kann seit Monaten nicht stattfinden, weil man keinen »geeigneten« Saal findet;
- *Airbus:* die Bundesrepublik zahlt lustlos weitere 700 Millionen für ein zweifelhaftes Projekt, um nicht 2,5 Milliarden umsonst ausgegeben zu haben (es sei denn für die deutsch-französische Freundschaft);
- *Banken:* betrügen die Bundespost, die dies weiß, aber auf Postdiebe warten muß, um es beweisen zu können;
- *In Japan:* gehen Frauen mit 30 Jahren in Pension;
- *In Griechenland:* beim Nato-Partner (s. o.) werden politische Häftlinge in Staatsgefängnissen gefoltert;
- *In USA:* Watergate;

- *In England:* werden Enthüllungen von öffentlichen Skandalen bestraft;
- *Hunger:* die Toten, die in diesem Jahr in Asien und Afrika an Unterernährung sterben werden, sind schon berechnet; die Grüne Revolution ist vorerst gescheitert;
- *Schwimmen:* ohne Trikot geht es um Zehntelsekunden schneller;
- *Fußball:* Netzer geht für 1 Million Handgeld nach Madrid. Netzers Club, Borussia Mönchengladbach, bekommt 1,3 Millionen Ablösungsgebühr;
- *Deutsche Baulöwen:* ein Schweizer Finanzexperte rechnet ihnen öffentlich vor, wie sie ihr Kapital vor den eigens für (= gegen) sie gemachten deutschen Baugesetzen ins Ausland retten können – und sie tun's ungehindert;
- *Autogenes Training:* macht man es wirklich allein, kann es zu Gesundheitsschäden führen;

usw. usw.

Eingestreut in die Hunger- und Katastrophenberichte: die leckere, sorglose, opulente Welt der Fluglinien, Großhotels, deodorierten Upper ten, manchmal in geradezu teuflischer Zusammen- und Gegenüberstellung:

»Gib mir Leben – Terre des hommes«	»Kuren Sie sich fit – Y-Hotel im Allgäu«
Zwölf ganze Seiten für Spirituosen und Zigaretten, ungezählte halbe dazu	eine einzige für Spielplätze
»Ein Z-Auto mit 148 PS – und die Freizeit macht Ihnen schneller Spaß«	»X-Rasenmäher, der sich wie ein Auto fährt«

Täglich spricht das Fernsehen, sprechen die Zeitungen, Nachbarn und eigenen Erlebnisse in normaler Syntax tiefgehende Verwirrung aus. Welche Chance, welche Kraft und

Zuversicht bleibt da der Aufklärung, die doch nur Vorstellungen in Ordnung bringen kann, aber nicht die Fülle der subjektlosen Zustände, die sich in ihrem Widersinn gegenseitig erzeugen und stützen? Aufklärer haben heute nicht mehr nur – wie Kant meinte – die geistigen Dunkelheiten aufzuhellen, Aberglauben, Dogma, Untertänigkeit, unkritische Hinnahme von Traditionen und Ergebung in die gewordenen Ungerechtigkeiten. Daß viele Aufklärer sich noch immer *damit* begnügen, macht ihre Bemühungen so unwirksam. Nicht der Philosophieprofessor oder der Lehrer (wie bei Jeremias Gotthelf) ist heute der Prototyp des Aufklärers, sondern der Entwicklungshelfer, der Sozialarbeiter, der Arbeiterpriester, der Politiker, der sein Handeln ehrlich erklärt, Menschen, die ihren Beruf, ihr Amt so erfüllen, wie Kant es ihnen nicht zugemutet und zugetraut hat, Eltern, die die Persönlichkeit ihrer Kinder respektieren, Männer und Frauen, die durch ihre Existenzweise von der Überlegenheit eines durch Vernunft geleiteten Lebens überzeugen – und die keinen Augenblick verbergen, wie schwer das ist, welche Grenzen das hat, welchen Preis das kostet (Janusz Korczak war so einer). *Aufklärer müssen heute Aufräumer sein* – und sie werden schmutzige und zerrissene Hände dabei bekommen.

Gemessen daran ist die scheinkritische Aufklärungsbetriebsamkeit vieler Zeitgenossen und zeitgenössischer Einrichtungen ärgerlich. Mit der aufklärerisch gemeinten Armatur, mit einer ebenso lauten wie unverständlichen wie ohnmächtigen *Rede* übertönen sie nur, was uns tatsächlich bedrängt, statt es zu verarbeiten. Die Irrationalität, die im Menschen steckt, teils weil seine Animalität so ist, teils, weil zu viele nicht oder falsch verstandene Erlebnisse sich in dieser Form festgesetzt haben, wird um so weniger ausgesprochen, je strenger der Rationalitätsanspruch ist, der sie umgibt; Unausgesprochenes aber bleibt unausgetragen und bricht an unvermuteter Stelle unkontrolliert hervor.

Gerade weil ich die Furcht vor einem neuen Faschismus teile, der heute sicher sehr anders aussehen würde als der von 1933, bin ich beunruhigt über den Optimismus, mit dem die Emanzipationspädagogik auf die Wirksamkeit einer ausschließlich intellektuellen Erkenntnis vertraut:

> »Wenn diese Einsicht [von den mächtigen Gruppen, die die Arbeiter um ihren Gewinn betrügen] erschlossen werden kann [. . .], dürften die Lernenden fast *zwangsläufig* eine spezifische Form von kritischem Abstand gegenüber allen ihnen nahegebrachten naiven gesellschaftlichen Zumutungen *praktizieren*. Diese Reserve wird sich am stärksten bemerkbar machen, wenn das [offizielle, hier kritisierte] Lernangebot emotional verkleidet ist oder in autoritativen Abschirmungen beruht. [. . .] Die *kognitive Antizipation* und *gedankliche Bewältigung* von Verhältnissen, in die die einzelnen und Gruppen leidend verflochten sind, haben eine ungemein psychisch stabilisierende Wirkung, weil Lösungen als theoretisch möglich schon erfahren werden, die konkret noch durchgesetzt werden müssen. Kinder, die von der Grundschule an zunehmend weder den Köder der Autorität noch soziale und politische Affektionen anzunehmen geneigt sind, bringen ein bisher nicht vorhandenes politisches Potential in ihre Zeitgeschichte ein.« (Gamm, 1973, S. 682; Hervorhebungen: HvH.)

Die Untersuchungen, die es zu diesem Thema gibt,[13] verkünden einstimmig das Gegenteil: daß die Autorität der Eltern, die Emotionen und die Sicherheit verheißenden und uns selbst bestätigenden Vorurteile durchschlagen, und zwar um so stärker, je mehr Zurückhaltung die Aufklärer ihren eigenen Emotionen auferlegen.

»Kinder, die nicht geneigt sind . . .«: – ja, aber wie bringt man sie dahin? – Durch »kognitive Antizipation« ohne Erfahrung und gegen eine Wirklichkeit, die ihnen ganz andere Affekte bereitet und abfordert? Die intellektuelle Aburteilung der Gefühle ist nicht nur anmaßend und unmenschlich, sondern verfehlt vor allem ihre eigenen Zwecke. H.-J. Gamm wird das wissen – und gewiß werden die rationalen Möglichkeiten des Kindes auch heute noch eher unterschätzt als überschätzt; sie werden also nicht angeregt oder sogar unterdrückt. Aber diese von mir sehr vage bezeichneten »Möglichkeiten« sollten nicht an die Stelle der Emotionalität treten, sondern bedürfen zu ihrer Führung und Entfaltung starker Gefühle, eindeutiger Wertungen und verläßlicher Gewohnheiten.

Gefühle und Gedanken können gleich gefährlich sein. Welche in öffentlichen Schulen gelehrt oder gepflegt werden, muß so oder so Gegenstand öffentlicher Diskussion und Kontrolle sein. Ich plädiere darum für ein Aufklärungsverfahren, das dem eben vorgetragenen Programm geradezu entgegengesetzt ist: Solange selbständige Urteile von den Kindern über einen Tatbestand nicht gebildet werden können[14] und solange sich ohnedies die »Aufklärung« als Belehrung (oder, häßlicher ausgedrückt, als Indoktrinierung) abspielt, sollten getrost Gefühle, vor den Urteilen liegende Einstellungen, also Vor-Urteile zugunsten der gemeinsam akzeptierten Werte mobilisiert werden: *für* eine sozial gerechte Ordnung, *für* gewaltlose Konfliktlösung, *für* verfaßte Politik, *für* Demokratie, *für* Wahrheit, *für* Freundlichkeit, *für* den Genuß der Sexualität – *gegen* Herrschaft, Heuchelei, Manipulation, Unfreundlichkeit, Rassismus, Mißbrauch und Mißachtung des Gesetzes . . . Was das ist, kann an Beispielen in der unmittelbaren Umwelt der Kinder oder Erwachsenen erkannt und allmählich auf andere, weiter entfernt liegende Erscheinungen übertragen werden. Aus den Vor-Urteilen werden allmählich – durch Differenzierung, Vergleich, Prüfung, Verallgemeinerung, die Anwendung und Einübung wissenschaftlicher Verfahren – gesicherte Urteile und vor allem Urteilsvermögen. Der hiergegen meist erhobene Einwand: daß Gefühle nicht kontrollierbar seien, stimmt nur zum Teil und läßt sich vor allem nicht gegen diese Situation richten, in der in erster Linie die pädagogischen Maßnahmen des Erziehers zu kontrollieren sind.

Nicht weniger ärgerlich als die Überschätzung der intellektuellen Aufklärungsmöglichkeiten sind die aufgeklärten Prophylaxen und Therapien: der Klutschraum im Keller der Schule, die meist ganz unabenteuerlichen Abenteuerspielplätze, die Gruppendynamik, die Ichbefreiung durch Urschrei, Sensitivity groups etc. So nützlich, ja notwendig diese Möglichkeiten im Einzelfall sind – als allgemeine Hoffnung für eine aufgeklärtere, nämlich die untergründigen Spannungen und Bedrängungen bewältigende Existenz scheinen sie mir trügerisch. Sie kurieren, wie in der Rechtschreibreform, am Symptom; sie haben ›Alibicharakter‹. Wie die veranstaltete, verfügte und versicherte Freizeit, so sind auch die veranstaltete Spontaneität, Kollektivität und Individualität widersprüchlich in sich. Sie leugnen durch ihr Verfahren die Freiheit oder Persönlichkeit oder Gemeinschaft, die sie zu fördern behaupten. Daß Freiheit heute durch Institutionen geschützt werden muß, daß ein kleines Stück Wildnis für die Kinder nur durch Planung gesichert werden kann, sagt noch nichts über den Geist aus, in dem das geschieht. Da wird beispielsweise ein kommunales Bildungs- und Sozialzentrum geplant:

> »Die sektoral vorfindlichen Zielvorstellungen erfordern eine systematische Aufbereitung. Soweit sie noch nicht in verbindlich anerkannte Versorgungsmodelle Eingang gefunden haben (gebietsbezogene Fachpläne, Gesamtentwicklungspläne), sollen aus der Literatur planungsrelevante Hinweise auf anzustrebende qualitative und quantitative Entwicklungsziele herausgearbeitet werden. [. . .] Die Erfüllung der differenzierten Versorgungsaufgaben für speziellere Bevölkerungsgruppen (z. B. Kinder, Jugendliche, Alte, Behinderte, Gastarbeiter) ist dabei sowohl in der horizontalen Verflechtung (Funktionsbündelung) als auch in der vertikalen Funktionsgliederung (z. B. Verhältnis von kommunalen zu regionalen oder von stadtteilbezogenen zu gesamtstädtischen Versorgungsfunktionen) zu sehen.«[15]

Ist es falsch zu vermuten, daß, wo so geredet wird, auch so gedacht wird – mechanisch, in Schablonen und Quantitäten? Diese Planungsmentalität läßt bezweifeln, ob jene Einrichtungen, die unsere Städte menschlicher machen sollen, je die Bedürfnisse irgendeiner der genannten Gruppen wirklich erkennen und befriedigen werden. Was so entsteht, dürfte ein neues Leiden schaffen, ein neues tief irrationales Moment: das Gefühl, als Person nicht ernst genommen zu werden, eine Abstraktion, ein bloßes Objekt zu sein – und sei es das Objekt menschenbeglückender Aufklärung.

An diesem Punkt hatte Kant mehr recht als seine damaligen und heutigen Kritiker, wenn er darauf bestand, Aufklärung müsse als Ausgang aus der *selbstverschuldeten* Unmündigkeit verstanden werden. Nur wenn man sie so versteht und als solche überwindet, werden die Befreiung und die daraus hervorgehende Freiheit unsere eigene sein. »Selbstverschuldet ist diese Unmündigkeit, wenn die Ursache derselben nicht im Mangel des Verstandes, sondern der Entschließung und des Mutes liegt, sich seiner ohne Leitung eines anderen zu bedienen« (*Beantwortung der Frage: Was ist Aufklärung?*, S. 55).

Es geht um ein *moralisches* Problem, und die Absicht, daraus ein sozialhygienisches zu machen, mag noch so menschenfreundlich gestimmt sein – sie schlägt in ihr Gegenteil um, weil sie den konkreten Menschen nicht achtet.

Ivan Illich besteht auf der grundsätzlichen Verantwortung auch des Opfers für seinen Zustand. Ich teile diese rigoristische Einstellung nicht, aber sie warnt mich nachhaltig vor dem Gegenteil: dem therapeutischen Betrug. »Es ist so bequem, unmündig zu sein«, sagt Kant; und das wiederum mache es anderen so leicht, sich zu den Vormündern ihrer feigen und faulen Mitmenschen aufzuwerfen (ebd.).

In unserer Gesellschaft sind die Vormünder nicht Fürsten und Philosophen, sondern »der rationalisierende und unternehmenszentrierende Industriemanager, der zentralisierende staatliche Planungsbürokrat, der Gewerkschaftsboß und der

Curricula und Rahmenpläne entwerfende Pädagoge« – Personen, die »die Verunselbständigung des Menschen weitertreiben«, die aus ihm ein »betreutes« Wesen machen (Schelsky, 1973). Die von Helmut Schelsky vorgenommene Gegenüberstellung des selbständigen und des betreuten Menschen halte ich für wichtig. Sie verwirrt aufs heilsamste die angestammten Fronten von konservativ und progressiv, kapitalistisch und sozialistisch, technokratisch und liberal.

Ich halte es vor allem für wichtig, das Herrschaftsstreben der »Betreuer« zu durchschauen. Beides – Typus und Deutung – wird und sollte uns noch lange beschäftigen. Die von Schelsky damit doch wieder verbundenen anderen Gegensätze von Eigenverantwortung und Wohlfahrt, von sozialer Gerechtigkeit und Selbstbestimmung der Person, von geistiger und materieller Selbständigkeit, von sozialliberaler Koalition, die mehr für geplante Daseinsvorsorge, und CDU/CSU, die mehr für »individuelle Leistung« eintrete, stören die eben empfundene Befriedigung wieder. Es kann doch nur darum gehen, die gegenseitige Abhängigkeit der beiden Parameter Sicherheit und Freiheit zu erkennen, nicht, sie gegeneinander auszuspielen! Mag man sich auch sonst an vielem ärgern, was Schelsky dem CSU-Parteitag gesagt hat[16] – daß »die soziale Selbständigkeit [. . .] im Grunde auf einer moralischen Selbständigkeit [beruht] und umgekehrt«, ist eine so nützliche wie selten ausgesprochene Wahrheit.

Die moralische Selbständigkeit wird nicht durch einen Prozeß passiver Aufklärung erreicht – und darum auch nicht durch Dinge, die eine Humanistische Union für andere sagen und tun kann. Der einzelne oder eine Gruppe muß sich selbst emanzipieren – unter Berufung auf unsere verfaßten Rechte und proklamierten Ideale. Die Humanistische Union wie alle anderen, denen es um die Erhaltung und Vermehrung unserer gesellschaftlichen Freiheit zu tun ist, kann Anregungen, Anstoß und bei einem *dann* entstehenden Konflikt nachhaltige und kompetente Unterstützung geben. »Aufklärung«

selbst kann *sie* nicht treiben – das können nur ihre Mitglieder je in ihrem Lebenskontext.

»Aufklärung« ist ein Verbalnomen, das – wie die meisten seinesgleichen (»Leistung«, »Lösung«, »Beobachtung«, »Erfahrung«) – nicht mehr erkennen läßt, ob der Prozeß oder das Ergebnis gemeint ist. Ursprünglich freilich waren alle diese Verbalnomina Substantivierungen des Vorgangs – Synonyme für den Infinitiv, den zu benutzen die Stilistiken einem darum auch anraten, wenn man den Vorgang meint: statt der Aufhebung das Aufheben, statt der Bereitstellung das Bereitstellen, statt der Motivierung das Motivieren.

»Aufklärung« kann transitiv oder intransitiv (bzw. reflexiv) gemeint sein, entweder wie in »Der Vater klärt den Sohn auf, der Sohn wird aufgeklärt«. Oder wie in: »Der Fall hat sich aufgeklärt«, »der Himmel klärt sich auf«.

Die transitive Aufklärung ist die Aufgabe aller Lehrer zu allen Zeiten gewesen (und zu allen Zeiten haben sie sich dabei auch immer etwas getäuscht). Die intransitive Aufklärung war der spezifische Glaube des *éclaircissement*, der »Aufklärung« genannten Epoche (und hat Täuschung schon deshalb weniger zu fürchten, weil in diesem Modell die Aufklärungsvorgänge nicht von – fehlbaren – Subjekten abhängen).

Sokrates glaubte an die intransitive, reflexive Aufklärung, der man allenfalls beistehen kann – mäeutisch, indirekt, den ärgerlichen Selbsttäuschungen immer wieder zusetzend. Sokrates hat nicht gesagt, was Aufklärung sei. Das sagten und wußten die Sophisten und verfielen ihren eigenen Theorien, Künsten und Ergebnissen, wie wir das heute auch tun. Sokrates hat sich zwar um eine allem Wissen zugrunde liegende Lehre vom richtigen Fragen, Reden und Denken bemüht, was man seither Logik nennt, aber er hat dabei nicht an einen Satz von Regeln gedacht, denen folgend man sicher, irrtumsfrei, eindeutig denkt und mitteilt. Vielmehr war seine Methode eine, die die Sicherheiten zerstört: die einem die Aufgeklärtheit und das schöne Gefühl davon immer wieder verdirbt. Er wußte, wozu eine sich verselbständigende »Aufgeklärtheit« führt: zu neuem Dogma, zur Ermüdung des Denkens, zu unverständlicher Sprache – und damit zu neuer Herrschaft![17]

Wer sind die Aufklärer und was berechtigt sie dazu? – das war die Frage. Die Antwort darauf, wer und wie sie sein könnten, sollte alle, die diese Rolle gern spielen, kleinlaut und vorsichtig stimmen. Die »Gesellschaft« aber, »die sich für aufgeklärt hält«, können demgegenüber immer nur wir alle sein: Menschen, die sich selbst aufklären müßten, ihre Abhängigkeiten erkennen, sie, wo nötig und möglich, überwinden, ihre realen Lebensverhältnisse nach Maßgabe ihrer Einsicht und Kraft und in Gemeinschaft mit anderen ändern – und das ohne Ende.

4. *Was hat das mit dem Thema Kinderfeindlichkeit zu tun?*

Kinder – um damit zu beginnen – sind viele Jahrhunderte hindurch als die Gefährdung der geistigen Kultur angesehen worden: als deren potentielle Zerstörer. Kinder waren die natürlichen, die hauseigenen Barbaren. Erziehung hieß: die Zeit nutzen, solange sie schwach sind, um sie in die Ordnungen, Werte, Erkenntnisse, Einrichtungen der Erwachsenen einzuführen.

Seit Rousseaus radikaler Kulturkritik wird Hoffnung auf die Kinder gesetzt: Sie allein als die noch Unverdorbenen können die Kultur erneuern. Auch die Aufklärung zählt auf sie – auf ihre Lernbegier, ihre Vorurteilslosigkeit, ihre von Aberglauben, falscher Furcht und Bildungslast unbeschwerten Geister. Angelegt – d. h. möglich und aktualisierbar – ist im Kinde jedoch immer beides: das Bedürfnis nach Realität und nach Verzauberung, nach Schutz und nach Abenteuer, nach Gemeinschaft und nach Fürsichsein, nach Autorität und Aufbegehren; in ihnen sind gleichermaßen Neugier und Scheu vor Neuem, Tätigkeitsdrang und Faulheit, Offenheit und Geschlossenheit. Eine ersprießliche, alle ihre Möglichkeiten

nutzende Entwicklung ist die, die zwischen beidem immer oszilliert – ein ständiger Übergang. Glück selbst ist die Aufhebung des einseitigen Zustands durch sein Gegenteil: durch diese Entbehrung war er ja schmerzlich!
Darum ist es aber auch nicht leicht zu sagen, was Kinderfeindlichkeit ist – genauer: woran man sie erkennen kann. Ist es Zeichen von Feindlichkeit, wenn man Kinder wie Erwachsene behandelt, oder umgekehrt, wenn man sie wie Kinder behandelt? Einen natürlichen Maßstab hierfür gibt es nicht: wir können ihnen – noch bevor sie sich äußern können – solche Gewohnheiten, solche Verhaltens- und Wahrnehmungsbedürfnisse eingeben, daß sie sich in der Ordnung *oder* in der Unordnung, in der Rebellion gegen die Erwachsenen *oder* in der Unterwerfung unter sie wohl fühlen. Generell unentscheidbar scheint mir ebenfalls, ob man die Kinder besser auf die Zukunft, die sie erwartende Realität vorbereitet, indem man sie ihr alsbald voll aussetzt oder indem man ihnen die Wirklichkeit in pädagogischen Vorformen und Abwandlungen vorführt. Ich halte dies für falsche Alternativen und, solange man sie jeweils extrem verfolgt, beide für falsch.[18] Sicher hingegen ist eins: daß Kindern zwei Erfahrungen schlecht bekommen – Unwahrheit und Unfreundlichkeit. Wer Kinder belügt und wer ihnen die Taten der Liebe versagt: Geduld und Zeithaben, das Zärtlichsein, das Ernstnehmen ihrer Interessen und Affekte – der handelt feindlich an ihnen.
In einer Umwelt, in der Kinder geistiges und emotionales Zutrauen haben können, ist so gut wie alles möglich und bekömmlich, auch ein höheres Maß an Intellektualität. Je reicher die Fülle und Variationsbreite der Erfahrungen, um so besser!
Eine *gereinigte* Welt – in der Angst, Unklarheit, Unordnung, Haß gar nicht entstehen können – wäre, wenn sie sich überhaupt herstellen ließe, ein schlechter Ort zum Aufwachsen. Das Irrationale sind die von der Ratio noch nicht geordneten Vorstellungen und Gefühle. Die Ratio selber ist aber nichts

anderes als das Muster, das aus der Ordnung jener Vorstellungen und Gefühle entsteht. Dieser logische Zirkel ist die grobe Abbildung der subtilen, an Übergängen reichen Wirklichkeit.

Eine Ratio, die nicht so entwickelt, sondern gesetzt wird, bleibt Magie. Die Zuordnung, Fixierung und Konturierung der beunruhigenden Erfahrungen – von Macht, Schönheit, Unrecht, Es, Ich, Wir, Unterschied, Verwandlung und so fort – geschieht allmählich, beginnend mit einfachen, sinnlich erfaßbaren Symbolen und Geschichten. Hans im Glück, Schneewittchen, Gevatter Tod, Goldmarie und Pechmarie, Teufel und Hexe, Räuber und Krokodil, Fee und Gendarm – sie machen sichtbar, benennbar, einteilbar, was uns Erwachsenen so geläufig ist, daß wir es nicht mehr erklären könnten. Die Abschaffung des »faschistoiden« Kasper, die Verbannung der Märchen, die Schlachtung der blauen Elefanten[19] sind kurzsichtige, eher gegenaufklärerische Maßnahmen.

Die Umdichtung der Grimmschen Erzählungen, in der Rotkäppchen dann ein Taschenmesser mitbekommt, so daß es den Wolf selber von innen aufschlitzen kann und nicht auf einen die Obrigkeit repräsentierenden Jäger warten muß (Gmelin, 1972), kommt mir wie eine Pfuschkur vor. Welches Problem soll damit gelöst werden? Rettet die Polizei nicht vor Verbrechern? die Feuerwehr nicht vor Feuer? der große Bruder nicht vor dem Nachbarjungen? – und warum sollte man dem Kind *das* vorenthalten? Schön, wenn ein kleines Mädchen sich zu helfen weiß. Schön aber auch, wenn es hoffen darf, daß in einer so »finsteren Lage«, wie ich mir den Wolfsmagen vorstelle, eine Lösung von anderen Menschen kommen *kann* bis hin zu einem einsamen Haus im Wald. So wird Angst gebannt. Das Zutrauen zur *emanzipatorischen* Wirkung der neuen Fassung und die Furcht vor den bösen Folgen der alten vermag ich nicht zu teilen. Die Märchen, die im übrigen für alle Menschen, nicht nur für Kinder gedacht waren, sind *nicht Abbild* und Ersatz der erfahrbaren Welt, sondern teils emotionale Entlastung, teils Gliederungshilfe.

Kein Kind wird aus »Hänsel und Gretel« folgern: Kinder darf man aussetzen und verstümmeln; aus »Joringel und Jorinde«: Alleinstehende Frauen sind Hexen; aus »Die beiden Königskinder«: Mit der Hochzeit enden alle Sorgen; aus »Frau Holle«: Häßliche Mädchen sind immer auch böse – wie es die Zeitschrift *Eltern* behauptet (November 1972). Für wie blind und dumm halten wir unsere Kinder! Sie sehen doch täglich selber, daß es so nicht ist. Die Wölfe, die bösen alten Frauen, die schönen Prinzen, die gewaltigen Riesen sind Bewältigungschancen – sie haben die Funktion von Träumen, in denen das in der Realität gerade nicht Faßbare verarbeitet werden kann.
Walter Benjamin hat die seit der Aufklärung betriebene Herstellung von »geeignetem« Spielzeug, pädagogisch begründeten Anschauungsmitteln und für das Kind gereinigten Büchern die »muffigste Grübelei« unserer Zunft genannt; die vorhandenen – verstreuten, anders gemeinten, für irgend etwas bedeutsamen – Stoffe, die von der Wirklichkeit ›abfallen‹, ziehen die Kinder an; aus ihnen kann es sich seine eigene Welt nachbauen. Ein solches »Abfallprodukt«, das »gewaltigste vielleicht, das *im geistigen Leben der Menschheit* sich befindet«, ist für Benjamin das Märchen (Benjamin, 1972, S. 16 f.). Und nun sollen wir es erst wieder »zeitgemäß« (Gmelin, 1972) nach den Moden des Augenblicks zurechtschneidern, bevor wir es den Kindern überlassen?
Ist es schon falsch, wenn wir die Märchen wegen ihres poetischen und phantastischen Charakters ausscheiden, so wird es noch falscher, den Kindern unsere Kritik daran vorzusetzen: die Entlarvung der bösen alten Welt. Wir müssen das für uns tun, nicht für die Kinder und mit ihnen. Daß wir die Schüler selbst heute mit der Analyse und Verwerfung der Schulbücher und Richtlinien befassen, ist das deutlichste Zeichen *unserer* Aufklärungsschwäche. Die Lehrer sollten die Bücher und Lehrpläne, die ihnen falsch erscheinen, bei den Verlagen, in den Ministerien, in der Öffentlichkeit verklagen und sich weigern, sie anzunehmen, statt ein negatives Pensum daraus

zu machen. Sie sollten sie durch Besseres ersetzen. Abwehren will auch ein Kind auf die Dauer nur, wenn es etwas ihm Wichtiges hat, das es vor den Gefahren zu beschützen gilt. Aufklärungshilfe geschieht nicht durch Reinigung, sondern durch Beispiel in schmuddeligen, schwierigen, alltäglichen Lagen, die wir mit den Kindern teilen. »Teilen« heißt: sie gemeinsam und ausdrücklich aufsuchen, die eigenen Schwierigkeiten bloßlegen, sich auf die ihren einlassen – und nicht beim Reden stehen bleiben.

Vielleicht sind folgende Regeln behilflich:

1. Nicht mehr Aufklärung zu geben versuchen, als durch die Umstände bestätigt werden kann

Das glückliche, gerechte sozialistische Reich von Mao erzeugt eine Hoffnung in den Kindern auf eine Welt, in der es keine Armut, keine Unterdrücker, keinen Krieg gibt. Solche Hoffnungen zu haben ist gut. Aber *hier* bei uns ist es anders, und hier wird es nicht so werden, wie es dort *vielleicht* ist. Maos Reich ist fern, entmutigend unerreichbar; ich kenne es nicht und kann dem Kind nicht bestätigen, ob es wirklich so ist, wie die Geschichte von Frances Vestin behauptet;[20] es ist so ›einfach‹ richtig, daß unsere so ›kompliziert‹ falsche Welt damit wenig zu tun haben kann. Solche Aufklärung teilt den Fehler ihres großen Gegners, des Idealismus: sie entmündigt.

2. Immer soviel Erfahrungs- und Handlungsmöglichkeiten schaffen oder öffnen, wie man aufklärt

»Erzählt mir eine wahre Geschichte«, fordern die Kinder und meinen damit eine, die der Erzähler erlebt hat. Es ist ihnen wichtig, daß etwas in die Nähe ihrer eigenen Möglichkeiten kommt: durch einen Menschen *vermittelte* Realität. Dies widerspricht der Brauchbarkeit von Märchen nicht, es bestätigt vielmehr ihre andere Funktion, die mit dem Realismus

der Verhältnisse nichts zu tun hat, von daher also auch nicht abgeurteilt werden kann.
Der schon zitierte Sozialforscher Richard Hauser zeigt, wie man die Betroffenen *durch* Untersuchung *an* Untersuchung interessiert und schließlich an Handlung: »[. . .] wenn sie die Hoffnung haben, daß etwas dabei herauskommt, dann kommen sie vielleicht, zuerst aus Neugier und Zweifel und dann, weil sie das Gefühl haben, daß es auch sie ehrlich angeht« (Hauser, 1971, S. 440). Seine Erhebungsaktionen sind immer Anhebungs- und Anregungsaktionen. Die letzten Fragen des Interviews sind stets: »Möchten Sie gern mehr über den Verlauf dieser Untersuchung erfahren?« und: »Sind Sie bereit, uns zu helfen?« (Ebd., S. 439.)
Wenn die Befragten das sind, haben sie schon begonnen, sich selbst zu helfen.

3. Die aufklärenden Lösungen selbst finden lassen

Beispielhaft tun dies die »Rätselgeschichten« von Hartmut Lange, die alle tief in eine Schwierigkeit von Kindern hineinführen und dann etwa so enden: »Die Mutter wußte keine Erklärung. Wißt ihr eine, Kinder? Dann erklärt es der Mutter. Vielleicht könnt ihr der Mutter mit eurer Erklärung helfen.« In den Geschichten steckt (erstens) alles, was man zur Lösung – nein: zu einer Lösung – braucht, man muß es nur suchen. Die Erklärungen erscheinen (zweitens) als Hilfen. Sie sind (drittens) Kindern wie Erwachsenen gleichermaßen zugänglich. Und immer wird (viertens) zugleich Nachsicht für den erzeugt, der die Erklärung nicht gleich findet. Hartmut Langes Rätselgeschichten enthalten (fünftens) auch unlösbare Probleme, aber sie machen die Unlösbarkeit erklärlich.

4. Anschauung ist so wichtig wie diskursive Erklärung

Anschauung ist so schwer zu geben von den Dingen, die uns am meisten bedrängen und bedrohen. Meine Studenten fliehen darum in die Theorie. Sie haben das richtige Gefühl, daß in der Schulstube etwas gefordert wird, was ihnen die Ausbildung nicht gibt – und so fassen sie wenigstens dies in Begriffe.
Ihnen möchte ich mit einem Passus aus Peter Handkes Rede zur Verleihung des Büchnerpreises antworten:

> »Ich bin überzeugt von der begriffsauflösenden und damit zukunftsmächtigen Kraft des poetischen Denkens. Thomas Bernhard sagte, sowie bei ihm während des Schreibens auch nur der Ansatz einer Geschichte am Horizont auftauchte, würde er sie abschießen. Ich antworte: Sowie beim Schreiben auch nur der Ansatz eines Begriffs auftaucht, weiche ich – wenn ich noch kann – aus in eine andere Richtung, in eine andere Landschaft, in der es noch keine Erleichterungen und Totalitätsansprüche durch Begriffe gibt. Und diese bieten sich ja bei jeder Schreibbewegung als das erste schlechte an; wenn man müde ist, läßt man sie stehen; *sie sind das scheinbar Schwierige, das einfach zu machen ist.*« (Handke, 1973.)

Danach will ich dann selber zur Anschauung zurückkehren – zu einer verbildlichten oder konkreten Lage: Eltern und Kinder vor dem Fernsehschirm; wie lernt ein Kind, was ein groß zu schreibendes Substantiv ist; wie und warum erzähle *ich* die Geschichte vom Wolf und den sieben Geißlein; wie, wann, warum spreche ich über Onanie mit den Schülern; was ist die Erfahrung, die Geschichte, das Bild zu »spätkapitalistische Klassengesellschaft« oder zu »Alle Souveränität geht vom Volke aus« oder zu »freiheitlich demokratische Grundordnung«?

5. Bei alldem redlich und freundlich sein

Freundlichkeit ist keine geringere Aufgabe, kein geringeres Mittel der Aufklärung als die Redlichkeit. In diesen einfachen Brechtschen Tugenden ist, meine ich, das bleibende, alle einzelnen Themen überdauernde Programm der Aufklärung zusammengefaßt – aber auch ihre Schwierigkeit. Der intellektuelle Auftrag des »Klarmachens, wie es ist« gerät schnell abstrakt, rücksichtslos, unfreundlich; die Menschenfreundlichkeit gerät oft unaufrichtig, verworren, illusionär. Die beiden zu verbinden ist die schwere und eigentliche Aufgabe.
Ihr richtiges Verhältnis aber ist dieses:
Die rationale Aufklärung muß um der möglichen Freundlichkeit willen sein (und wird oft weh tun müssen). Die Freundlichkeit muß die Annahme der Wahrheit ermöglichen.
Meine Wissenschaft lehrt mich: Ohne Schutz, ohne ein Gefühl der Geborgenheit, ohne die Zuversicht, daß ein anderer hilft, wenn sie nicht gleich verstehen und bestehen, stoßen die Menschen die Wahrheit ab.
Meine Wissenschaft lehrt mich die Bedingungen und Folgen sehen, unter und mit denen ich zu Vertrauen oder zu Mißtrauen erziehen kann. Bei der Entscheidung, was von beidem ich soll, kann sie mir nicht helfen, nicht zuletzt weil die Alternative falsch ist. Die Frage, die Vernunft und Selbsterfahrung uns aufgeben, lautet:
Wie kann man kritische Erkenntnis einsetzen, um die Gefühle vor Illusion und Defätismus zu bewahren, und wie kann man bestärkende Erfahrung vermitteln, um einer generellen Skepsis zu entgehen?
Diese Schwierigkeit wird der Aufklärung bleiben, ob sich die Gesellschaft für aufgeklärt hält oder nicht.

Anmerkungen

1 Siegmund Freiherr von Bibra in dem von ihm herausgegebenen *Journal von und für Deutschland*, 3. Jahrgang 1786, 2. Teil, S. 73 ff. (»Die Nachricht von dem Judenmörder in der Grafschaft Sayn betreffend«). Abgedr. in: Stahleder (1964) S. 180.
2 Im Gegenteil: Der Relativismus erlaubte Herodot, alle Götter und alle Kulte mit den von ihm geglaubten zu identifizieren – nur Name und *nomos* waren ja anders!
3 So der Titel eines Buches von Peter Lauster, Stuttgart 1973.
4 Vgl. die Kritik Johann Georg Hamanns im vorliegenden Band S. 159.
5 Vgl. die ausführlichere Begründung dieser Deutung und ihrer Aktualität in: v. Hentig, 1973, S. 128 f.
6 Vgl. Hans-Jochen Gamms Aufsatz »Emanzipation: Schlüsselproblem der Erziehung« (1973), wo Emanzipation »die gesellschaftliche Unterstützung eines auf Ablösung von den Eltern und den Ausbildungsautoritäten intendierten Verhaltens der nachwachsenden Generation« heißen soll (S. 679), eine Unterstützung, die auch wieder zurückgenommen werden kann (S. 677 f.).
7 Unsere gesamte Existenz ist arbeitsteilig organisiert, es gibt in einer hochentwickelten Gesellschaft niemanden, der autark wäre.
8 Die hier von Gamm getroffene Vereinfachung eines Tatbestandes, dessen Komplexität natürlich auch ihm bewußt ist, ist selbst bedenklich – d. h.: sie macht deutlich, welche Dunkelheit in einer auf bestimmte Zwecke begrenzten Aufklärung notwendig waltet. Was heißt z. B. »privat verfügen« für »private Zwecke«? Nicht der private Konsum der Unternehmer ist das aufklärungswürdige Objekt, sondern die öffentlichen, aber falschen Zwecke – die Rüstung, die Werbung, die Überproduktion, die Konsumseligkeit von uns allen!
9 Friedhelm Nyssen (1973, S. 308 f.) zählt einmal auf, was ein solcher emanzipierender Unterricht alles zum Gegenstand haben würde: »alle Zwänge [. . .], die den Schüler bedrücken: Strafe, repressive Sexualmoral, oktroyierte Schulordnung, Bundeswehr, Lehrlingsausbildung, Sprache als Normensystem etc. [. . .] Die Schule würde tatsächlich das vorantreiben, was sie bisher in der Regel verhindert hat: Aufklärung.« Würde sie »tatsächlich«?
10 Als ein solcher seien die ökonomischen Gesetze den Schülern

bisher dargestellt worden, so daß sie dort keine Selbstbestimmung suchen konnten (Gamm, 1973, S. 681).

11 Zit. nach dem Abdr. in: Immanuel Kant [u. a.], Was ist Aufklärung? Aufsätze zur Geschichte und Philosophie, hrsg. von Jürgen Zehbe, Göttingen 1967, S. 16 f.

12 Ich nehme den *Spiegel*, um die behauptete Absurdität nicht von den »Verrohte-Mutter-brät-Baby«-Geschichten der Boulevard-Presse verschütten zu lassen. Ich nehme eine beliebige Ausgabe zwischen dem Waffenstillstand in Vietnam und dem Ausbruch des neuen Nahostkrieges, damit man nicht sage, es sei der Feuerschein des Krieges, der alles so verzerrt erscheinen läßt.

13 Bertlein (1960): Habermas [u. a.] (1961); Jaide (1968); Raasch (1964); Piezunka (1969); ferner Hyman (1958) und Greenstein (1965).

14 Diese Vorbehalte und die genaueren Voraussetzungen (Alter, Gegenstand, Didaktik usw.) müßten hier sehr ausführlich dargelegt werden.

15 Aus einem sog. Arbeitspapier für eine Studiengruppe »Sozialplanung«, die von Oktober bis Dezember 1973 am Zentrum für Interdisziplinäre Forschung der Universität Bielefeld tagte.

16 Was Schelsky beschreibt, muß er darum selber noch nicht billigen (z. B. die Tatsache, daß es Menschen gibt, die die monotone Fließbandarbeit nicht ungern tun – nicht so ungern, wie er sie täte). Schwieriger fällt es mir, seine Kritik am Betreuertum mit seiner Kritik an Demokratisierung und Mitbestimmung zu vereinen. Eigentlich müßte er durch Beteiligung der Betreuten an der Verantwortung ihre moralische Selbständigkeit stärken wollen – also Modelle der Mitbestimmung entwerfen, die dies alles besser lösen als die heute vorliegenden geistlosen Proporzschemata.

17 Hauser warnt davor, den einen Paternalismus nur durch einen anderen zu ersetzen (vgl. Hauser, 1971, S. 433). Vgl. im vorliegenden Band S. 153 über Hausers »sokratische« Methode.

18 Die Aussagen der Wissenschaften sind hierzu sehr differenziert. Wer sie in ihren variationsreichen Experimenten, Vorbehalten und »Wenn-dann«-Ergebnissen annimmt, muß sie als Aufhebung des Gegensatzes zwischen konservativer und progressiver Pädagogik verstehen: Schutz und Freiheit, Schonraum und Realität, Norm und Experimentierfeld sind keine Gegensätze, sondern allesamt notwendig, aber für verschiedene Kinder, Alter und Lagen – und in verschiedener Dosierung.

19 Melchior Schedler, *Schlachtet die blauen Elefanten*, Weinheim 1973; mit »blauen Elefanten« sind Erfindungen der Erwachsenen gemeint, die in der Kinderliteratur die Wirklichkeit ›ersetzen‹.

20 Frances Vestin, *Alle Macht den Kindern*, Berlin 1973, wo eine für Kinder verfaßte Darstellung des durch die Revolution geheilten China wiedergegeben ist (vgl. S. 100 f.).

Verzeichnis der zitierten Literatur

Aristoteles: Physica. Hrsg. von David Ross. Oxford 1950 [u. ö.].

Benjamin, Walter: Alte vergessene Kinderbücher. In: W. B.: Gesammelte Schriften. Unter Mitw. von Theodor W. Adorno und Gershom Scholem hrsg. von Rolf Tiedemann und Hermann Schweppenhäuser. Bd. 3. Hrsg. von Hella Tiedemann-Bartels. Frankfurt a. M. 1972.

Bertlein, Hermann: Das Selbstverständnis der Jugend heute. Eine empirische Untersuchung über ihre geistigen Probleme, ihre Leitbilder und ihr Verhältnis zu den Erwachsenen. Hannover 1960.

Brecht, Bertolt: Gesammelte Werke in acht Bänden. Hrsg. vom Suhrkamp-Verlag in Zsarb. mit Elisabeth Hauptmann. Bd. 6. Frankfurt a. M. 1967.

Bruner, Jerome S.: The Process of Education. New York 1960.

Comenius, Johann Amos: Opera Didactica Omnia. Editio anni 1657 lucis ope expressa. Hrsg. von der Tschechoslowakischen Akademie der Wissenschaften. 3 Bde. Bd. 1. Didactica Magna. Universale Omnes Omnia Docendi Artificium Exhibens. Prag 1957.

Darwin, Charles: Erinnerungen an die Entwicklung meines Geistes und Charakters. Autobiographie 1876–1881. Tagebuch des Lebens und Schaffens. Journal 1838–1881. Einl. von Konrad Senglaub. Köln 1982.

Diderot, Denis: Nachtrag zu »Bougainvilles Reise« oder Gespräch zwischen A. und B. (1796). In: Gerd Stein (Hrsg.): Exoten durchschauen Europa. Der Blick des Fremden als ein Stilmittel abendländischer Kulturkritik. Von den Persischen Briefen im 18. bis zu den Papalagi-Reden des Südseehäuptlings Tuiavii im 20. Jahrhundert. Frankfurt a. M. 1984.

Dokumentation zum Sozialistischen Patienten-Kollektiv Heidelberg. Gießen 1972.

Ende, Michael: Die unendliche Geschichte. Stuttgart 1978.

Gaiser, Gerd: Schlußball. Aus den schönen Tagen der Stadt Neu-Spuhl. Frankfurt a. M. 1972.

Gamm, Hans-Jochen: Emanzipation: Schlüsselproblem der Erziehung. In: Die Deutsche Schule 65 (1973) H. 10. S. 675–683.

Gay, Peter: The Enlightenment: An Interpretation. Bd. 1. The Rise of Modern Paganism. New York 1966. Bd. 2. The Science of Freedom. New York 1969.

Gmelin, Otto F.: Das Neue Rotkäppchen. In: Eltern. November 1972.

Goodman, Paul: Freedom and Learning: The Need for Choice. In: Saturday Review. 18. Mai 1968. – Dt.: Freiheit und Lernen. Übers. von Hartmut von Hentig. In: Neue Sammlung 9 (1969) H. 5. S. 419–427.

de Goya, Francisco: Caprichos. Zürich 1972.

Greenstein, F. I.: Children and Politics. New Haven 1965.

Habermas, Jürgen [u. a.]: Student und Politik. Eine soziologische Untersuchung zum Bewußtsein Frankfurter Studenten. Neuwied 1961.

Handke, Peter: Die Geborgenheit unter der Schädeldecke. In: Süddeutsche Zeitung. 27./28. Oktober 1973.

Harris, Marvin: Cows, Pigs, Wars, and Witches. The Riddles of Culture. New York 1974.

Hauser, Richard und Hephzibah: Die kommende Gesellschaft. Ein Handbuch für soziale Gruppenarbeit und Gemeinwesenarbeit. Übers. von Elisabeth Siegel. München/Wuppertal 1971.

Heitkämper, Peter: Ansätze zur Grundlegung der Friedenserziehung als zentralen Bereichs der Pädagogik heute. [Unveröff. Ms. 1983.]

von Hentig, Hartmut: Die Deutsche Pädagogik. In: Hans Werner Richter (Hrsg.): Bestandsaufnahme. Eine Deutsche Bilanz 1962. 36 Beiträge deutscher Wissenschaftler, Schriftsteller und Publizisten. München/Wien/Basel 1962.

– Platonisches Lehren. Probleme der Didaktik, dargestellt am Modell des altsprachlichen Unterrichts. Stuttgart 1966. [Darin das Kapitel »Humanismus als Methode«.]

– Allgemeine Lernziele der Gesamtschule. In: Deutscher Bildungsrat. Gutachten und Studien der Bildungskommission: Lernziele der Gesamtschule. Stuttgart 1969.

– Systemzwang und Selbstbestimmung. Über die Bedingungen der Gesamtschule in der Industriegesellschaft. Stuttgart ^{2}1969.

– Die Wiederherstellung der Politik. Cuernavaca revisited. Stuttgart/München 1973.

– Die Sache und die Demokratie. Drei Abhandlungen zum Verhältnis von Einsicht und Herrschaft. Frankfurt a. M. 1975.

– Das allmähliche Verschwinden der Wirklichkeit. Ein Pädagoge ermutigt zum Nachdenken über die Neuen Medien. München/Wien 1984.

Herder, Johann Gottfried: Auch eine Philosophie der Geschichte zur

Bildung der Menschheit. In: J. G. H.: Sämtliche Werke. Hrsg. von Bernhard Suphan. Bd. 5. Berlin 1891.

– Ideen zur Philosophie der Geschichte der Menschheit. In: J. G. H.: Sämtliche Werke. Hrsg. von Bernhard Suphan. Bd. 13. Berlin 1887. Bd. 14. Ebd. 1909.

Horkheimer, Max / Adorno, Theodor W.: Dialektik der Aufklärung. Philosophische Fragmente. Frankfurt a. M. 1969.

Hume, David: A Treatise of Human Nature. Hrsg. von L. A. Selby-Bigge. Oxford 1968. [Nachdr. der Ausg. Oxford 1888.]

Hyman, Herbert: Political Socialization. Glencoe 1958.

Illich, Ivan: Tools for Conviviality. New York / Evanston / San Francisco / London 1973. [Kap. III,2 über »radical monopoly«.]

Jaide, Walter: Leitbilder heutiger Jugend. Eine empirische Studie über Leitbilder, Vorsätze und Lebenswünsche – ihre Eigenart, Problematik und Erforschung. Neuwied 1968.

Jonas, Hans: Die Ehrfurcht vor der Natur. Plädoyer für eine Selbstzensur der Wissenschaft. In: Frankfurter Allgemeine Zeitung. 28. April 1983.

Jungk, Robert: Der Jahrtausendmensch. Bericht aus den Werkstätten der neuen Gesellschaft. München 1973.

Kant, Immanuel: Beantwortung der Frage: Was ist Aufklärung? (1783) In: I. K. [u. a.]: Was ist Aufklärung? Aufsätze zur Geschichte und Philosophie. Hrsg. von Jürgen Zehbe. Göttingen 1967.

– Der Streit der Fakultäten. In: I. K.: Werke. Hrsg. von Wilhelm Weischedel. Bd. 6. Darmstadt 1975.

– Vorrede zur Kritik der reinen Vernunft. In: Ebd. Bd. 2. Darmstadt 1975.

Kass, Leon R.: Modern Science and Ethics. Time for a Re-Examination? In: The University of Chicago Magazine 76 (1984) Nr. 4. S. 24–30.

Kleist, Heinrich von: Über das Marionettentheater. In: H. v. K.: Sämtliche Werke und Briefe. Hrsg. von Helmut Sembdner. Bd. 2. München [6]1977.

Landtag Nordrhein-Westfalen: Landtagsdrucksache 9/3566. Antrag der CDU-Landtagsfraktion: »Neue Technologien in Schule und Weiterbildung«. 5. Juli 1984.

Lange, Hartmut: Rätselgeschichten. Köln 1973.

Lauster, Peter: Menschenkenntnis ohne Vorurteile. Stuttgart 1973.

Lempert, Wolfgang: Zum Begriff der Emanzipation. In: Neue Sammlung, 13 (1973) H. 1. S. 62–70.

Lessing, Gotthold Ephraim: Eine Duplik. In: G. E. L.: Werke. Hrsg. von Herbert G. Göpfert. Bd. 8. München 1979.

– Die Erziehung des Menschengeschlechts und andere Schriften. Mit einem Nachw. von Helmut Thielicke. Stuttgart 1980.

Lippitt, Ronald / Fox, Robert / Schaible, Lucille: Social Science Laboratory Units. Ann Arbor 1969. – Dt.: Detto und andere. Acht Einheiten für Sozialwissenschaften in der Schule. Bearb. für den Gebrauch an deutschsprachigen Schulen von Peter Böhning [u. a.]. Stuttgart 1975.

Marquard, Odo: Abschied vom Prinzipiellen. Philosophische Studien. Stuttgart 1981.

– Theodizee, Geschichtsphilosophie, Gnosis. Einige Bestimmungen zur Theorie der Neuzeit. In: Frankfurter Allgemeine Zeitung. 3. März 1984.

Max-Planck-Institut für Bildungsforschung / Projektgruppe Bildungsbericht (Hrsg.): Bildung in der Bundesrepublik Deutschland. Daten und Analysen. Bd. 1. Reinbek bei Hamburg 1980.

Menschenrechte. [Erklärung der Rechte des Menschen von 1789.] In: Karl Heinrich Peter (Hrsg.): Proklamationen und Manifeste. Stuttgart 1964.

Natorp, Klaus: Zu viele. In: Frankfurter Allgemeine Zeitung. 6. August 1984.

Neuner, Gerhard: Entwicklungen im Englischunterricht: In: Max-Planck-Institut für Bildungsforschung / Projektgruppe Bildungsbericht (Hrsg.): Bildung in der Bundesrepublik Deutschland. Daten und Analysen. Bd. 1. Reinbek bei Hamburg 1980.

Noelle-Neumann, Elisabeth: Der Zweifel am Verstand. Wertwandel am Beispiel der Normen des rationalen Verhaltens. In: Frankfurter Allgemeine Zeitung. 24. Juli 1984.

Nyssen, Friedhelm: Zur politisch-pädagogischen Einschätzung der neuen Hessischen Rahmenrichtlinien. In: Die Deutsche Schule 65 (1973) H. 5. S. 305–316.

Piezunka, Hartmut: Die Spiegelung der Politik im Bewußtsein der Jugendlichen. Eine empirische Untersuchung. Diss. Göttingen 1969.

Platon: Epistulae. In: Plato. Hrsg. von J. Burnet. Bd. 5. Oxford 1908.

Raasch, Rudolf: Zeitgeschichte und Nationalbewußtsein. Forschungsergebnisse zu Fragen der politischen und allgemeinen Erziehung. Ein Forschungsbericht aus dem Deutschen Institut für Internationale Pädagogische Forschung. Berlin 1964.

Rolff, Hans-G. / Tillmann, Klaus-Jürgen: Strategisches Lernen durch gesellschaftsverändernde Praxis. In: päd. extra 2 (1974). [Ausz. aus: H.-G. R. [u. a.]: Strategisches Lernen in der Gesamtschule. Gesellschaftliche Perspektiven der Schulreform. Reinbek bei Hamburg 1974.]

Rousseau, Jean-Jacques: Der Gesellschaftsvertrag oder Grundlagen des Staatsrechts. Mit einer Einf. von Romain Rolland. Übers. von Fritz Roepke. Nachw. von Fritz Zschech. Rudolstadt [1953].

– Über Kunst und Wissenschaft. Über den Ursprung der Ungleichheit unter den Menschen. Frz./dt. Mit Einl., Übers. und Anm. von Kurt Weigand. Hamburg 1955.

– Emil oder über die Erziehung. In neuer dt. Fass. bes. von Josef Esterhues. Buch 1–5. Paderborn 1958–61.

Schnädelbach, Herbert (Hrsg.): Rationalität. Philosophische Beiträge. Frankfurt a. M. 1984.

Schedler, Melchior: Schlachtet die blauen Elefanten. Weinheim 1973.

Schell, Jonathan: Das Schicksal der Erde. Gefahr und Folgen eines Atomkrieges. Übers. von Hainer Kober. München 1982.

Schelsky, Helmut: Der selbständige und der betreute Mensch. In: Frankfurter Allgemeine Zeitung. 29. September 1973.

Stahleder, Erich (Hrsg.): Absolutismus und Aufklärung. Ebenhausen 1964. (Lesewerk zur Geschichte 1648 bis 1789. 5.)

Steiner, Rudolf: Die geistige Führung des Menschen und der Menschheit. Geisteswissenschaftliche Ergebnisse über die Menschheits-Entwicklung. Freiburg i. Br. [6]1946.

Theobald, Robert: The Guaranteed Income. Garden City (N. Y.) 1963.

Thielicke, Helmut: Nachwort. In: Gotthold Ephraim Lessing: Die Erziehung des Menschengeschlechts und andere Schriften. Stuttgart 1980.

Topitsch, Ernst: Aufklärung als konservative Aufgabe. In: Frankfurter Allgemeine Zeitung. 21. Juli 1973.

Vestin, Frances: Alle Macht den Kindern. Berlin 1973.

Voltaire, François M. A. de: Œuvres complètes. Hrsg. von Theodore Bestermann [u. a.] Bd. 1 ff. Genf/Toronto 1968 ff.

– Candide oder der Optimismus. Übers. von Ilse Lehmann. Frankfurt a. M. 1973.

Biographische Notiz

Hartmut von Hentig, geboren 1925 in Posen.

Studium der Alten Sprachen in Göttingen und Chicago.

1950	B. A. in Elizabethtown, Pennsylvania.
1951	M. A. an der University of Chicago.
1953	Ph. D. an der University of Chicago.
1953–63	Lehrer an altsprachlichen Gymnasien.
1963	Ordinarius für Pädagogik an der Universität Göttingen.
1968	Ordinarius für Pädagogik an der Universität Bielefeld.
1969	Schillerpreis der Stadt Mannheim.
Seit 1974	Wissenschaftlicher Leiter der Schulprojekte der Universität Bielefeld (Laborschule und Oberstufen-Kolleg).
1981/82	Fellow am Wissenschaftskolleg zu Berlin.
Seit 1982	Mitglied der Deutschen Akademie für Sprache und Dichtung, Darmstadt.

Veröffentlichungen von Hartmut von Hentig

Probleme des altsprachlichen Unterrichts, dargestellt am Modell der englischen Schule. Stuttgart: Klett, 1960.
Wie hoch ist die Höhere Schule? Stuttgart: Klett, 1962.
Hellas und Rom. Ein Lesebuch. Ebenhausen bei München: Langewiesche-Brandt, 1964.
Die Schule im Regelkreis. Stuttgart: Klett, 1965.
Platonisches Lehren. Probleme der Didaktik, dargestellt am Modell des altsprachlichen Unterrichts. Stuttgart: Klett, 1966.
Universität und Höhere Schule. Gütersloh: Bertelsmann, 1967.
Systemzwang und Selbstbestimmung. Stuttgart: Klett, 1968.
Öffentliche Meinung, öffentliche Erregung, öffentliche Neugier. Göttingen: Vandenhoeck & Ruprecht, 1969.
Spielraum und Ernstfall. Stuttgart: Klett, 1969.
Cuernavaca oder: Alternativen zur Schule? Stuttgart: Klett / München: Kösel, 1971.
Die Bielefelder Laborschule. Stuttgart: Klett, 1971.
Das Bielefelder Oberstufen-Kolleg. Stuttgart: Klett, 1972.
Magier oder Magister? Über die Einheit der Wissenschaft im Verständigungsprozeß. Stuttgart: Klett, 1972.
Schule als Erfahrungsraum? Eine Übung im Konkretisieren einer pädagogischen Idee. Stuttgart: Klett, 1973.
Die Wiederherstellung der Politik. Cuernavaca revisited. Stuttgart: Klett / München: Kösel, 1973.
Die Sache und die Demokratie. Frankfurt: Suhrkamp, 1975.
Was ist eine humane Schule? München/Wien: Hanser, 1976.
[Mitarbeit an:] Detto und andere. Acht Einheiten für Sozialwissenschaften in der Schule. Stuttgart: Klett, 1977. – Engl. Orig.-Ausg.: Ronald Lippitt / Robert Fox / Lucille Schaible: Social Science Laboratory Units. Ann Arbor 1969.
Die entmutigte Republik. Politische Aufsätze. München/Wien: Hanser, 1980.
Die Krise des Abiturs und eine Alternative. Stuttgart: Klett-Cotta, 1980.
Aufwachsen in Vernunft. Kommentare zur Dialektik der Bildungsreform. Stuttgart: Klett-Cotta, 1981.
Erkennen durch Handeln. Versuche über das Verhältnis von Pädagogik und Erziehungswissenschaft. Stuttgart: Klett-Cotta, 1982.

Aufgeräumte Erfahrung. Texte zur eigenen Person. München/Wien: Hanser, 1983.
Das allmähliche Verschwinden der Wirklichkeit. Ein Pädagoge ermutigt zum Nachdenken über die Neuen Medien. München/Wien: Hanser, 1984.
Ergötzen, Belehren, Befreien, Schriften zur ästhetischen Erziehung. München/Wien: Hanser, 1985.

Inhalt

Geschichte der Philosophie in Text und Darstellung

Band 1: *Antike.* Hrsg. von Wolfgang Wieland. 9911 [5]
Band 2: *Mittelalter.* Hrsg. von Kurt Flasch. 9912 [6]
Band 3: *Renaissance und frühe Neuzeit.* Hrsg. von Stephan Otto.
Band 4: *Empirismus.* Hrsg. von Günter Gawlick. 9914 [5]
Band 5: *Rationalismus.* Hrsg. von Rainer Specht. 9915 [5]
Band 6: *Deutscher Idealismus.* Hrsg. von Rüdiger Bubner. 9916 [5]
Band 7: *19. Jahrhundert.* Positivismus, Historismus, Hermeneutik. Hrsg. von Manfred Riedel. 9917 [5]
Band 8: *20. Jahrhundert.* Hrsg. von Reiner Wiehl. 9918 [6]

Alle acht Bände auch in Kassette erhältlich.

»Diese Unternehmung besticht durch einen gescheiten Ausweg aus dem Dilemma, in das uns die Einsicht führt, daß es einen unparteiischen Standpunkt vielleicht nur für den lieben Gott gibt. Sie verfügt über eine Konzeption, die die je verschiedene Eigenart der geistigen Standpunkte und Perspektiven schon durch die Kombination der literarischen Gattungen herausstellt. Die Brauchbarkeit für das philosophische Bildungswesen wird dadurch sehr gefördert. Besonders für die neu gestaltete Oberstufe des Gymnasiums, in der dem Fach Philosophie eine besondere Bedeutung zukommt, scheint die Mischung von Text und Darstellung geeignet.
Der Philosophieunterricht, der sich dieses Angebot zunutze macht, stellt die geistespolitischen Kategorien bereit, die für das Verständnis der westlichen Staatstheorien im Fach Gemeinschaftskunde erforderlich sind.« *Eckhard Nordhofen, F. A. Z.*